J.P. Lebas in. et Sculp.

Quoi-que la Bête ici prouve sa connoissance,
Et qu'elle se conduit par le Raisonnement ;
L'Homme lui fait sentir, que, si son Ame pense,
Elle ne peut Vouloir ni Penser librement.

APOLOGIE DES BESTES,

OU

LEURS CONNOISSANCE ET RAISONNEMENT

Prouvés contre le Systême des Philosophes Cartésiens ; qui prétendent que les Brutes ne sont que des Machines Automates.

OUVRAGE EN VERS.

Par Monsieur MORFOUACE DE BEAUMONT.

Le prix est de cinquante sols, broché.

A PARIS,

Chez PIERRE PRAULT, Quay de Gesvres, au Paradis.

M. DCC. XXXII.

AVEC APPROBATION ET PRIVILEGE DU ROI.

A MONSIEUR LE COMTE D'ARGENSON

CONSEILLER D'ESTAT,

Grand-Croix, Chancelier, Garde des Sceaux de l'Ordre Roial & Militaire de Saint Loüis, & Chancelier de Monſeigneur le Duc d'Orleans.

EPISTRE.

TOI, dont l'Eſprit orné de vaſtes connoiſſances,
Regla le Tribunal des plus hautes Sciences ; *
TOI, dont le ſage Oracle, à la fleur de tes ans ;

* Préſident de l'Academie Roiale des Sciences en 1731.

Décida du destin des veilles & des Sçavans ;
Pardonne D'ARGENSON, *si je mets mon Ouvrage*
A l'abri de ton nom, en briguant ton suffrage :
Daigne me l'accorder ; seul il fera fleurir
Les sujets curieux que je te viens offrir.
De ta vive Lumiere ils ne sont point indignes.
Des modernes Auteurs, Philosophes insignes,
J'attaque, je combats l'ambitieuse erreur
*Qui de l'*ETRE ETERNEL *sonde la profondeur ;*
Et prétend que la Bête est une Créature
Qui, purement Machine, agit à l'aventure.
Mais ton sublime esprit perçant l'obscurité
Du voile dont on veut couvrir la vérité,
A bien sçû pénétrer le Sens & la Morale
Que par ses actions la Bête nous étale.
DE DES-CARTES, TU *sçais le systême orgueilleux*
Qui d'abord éblouït par son faux Merveilleux

EPISTRE.

C'est à toi de juger si mes foibles lumieres
Ont assés dissipé ses brillantes chiméres.
Sur mon timide essai jette un œil gracieux ;
Ma Muse en pourra prendre un vol audacieux.

Je chantai les vertus de ton illustre Pére,
Lors que du Sceau Roial digne Dépositaire,
Dans un tems difficile il fut, avec éclat,
La ressource, l'apui, le bonheur de l'Etat.
Ministre, il rappela du fonds de l'indigence ;
Le Crédit presque éteint, la joie & l'abondance.
Ses vertus que son Sang fait revivre en ton Cœur,
T'ont déja d'un grand Prince assuré la faveur.
Son Auguste Maison qui connoît ta prudence,
Dépose dans ton sein sa juste confiance.
Pour remplir dignement ce poste glorieux ;
Ta Sagesse t'admit dans le Conseil des Dieux.
Ce haut rang est le prix de ton Intelligence.
Ton amour pour ton Roi répond à ta naissance.
Neuf siécles ont transmis à ta Posterité

EPISTRE.

De ton premier Ayeul la noble antiquité. (a)
Ses neveux, aspirans à la gloire immortelle,
Pour l'Eglise (b) *& l'Etat ont signalé leur zéle.* (c) (d)
Les uns ont pour leur Roi, sous les drapeaux de Mars,
Aux dépens de leur vie affronté les hazards. (e) (f)
D'autres, par leur Génie adroit & politique,
Deux fois Ambassadeurs près d'une République *. (g)

(a) Basile de Voyer Premier du nom, sous l'Empereur Charles le Chauve vers l'an 877.

(b) Etienne de Voyer Sire de Paulmy, Epoux d'Agathe de Beauveau, fonda l'Abbaye de Beaugerais en 1245. Il accompagna St. Louis en son voiage de la Terre-Sainte.

(c) Pierre II. de Voyer, &c. Grand Bailli de Touraine, Fonda l'Eglise Collégiale de St. Nicolas; mena la Noblesse de la Province à Charles VII. à Chinon.

(d) Bertrand de Voyer son fils, Chevalier de St. Jean de Rhodes, signala sa valeur à la défense du Siége de cette Isle, sous Bertrand de Cluys, Grand-Prieur son Grand Oncle en 1480.

(e) Jean II. de Voyer, &c. Grand-Bailli de Touraine, fut blessé en 1512. à la Bataille de Ravennes, & à celle de Pavie Commandant sous François I. en 1525. où l'aîné de ses fils fut tué à ses côtés. Il servit encore sous Henry II. & sous Charles IX.

(f) Loüis de Voyer de Paulmy d'Argenson, petit-fils de Jean III. se distingua par sa valeur à la Guerre, & se signala à la Bataille de Coutras en 1587. en suivant le Parti d'Henri IV.

(g) René I. de Voyer de Paulmy, Comte d'Argenson, Maître

* Venise.

Dont il n'est pas aisé de manier l'Esprit ;

Cependant, auprès d'Elle en estime, en credit ;

Ont été par honneur, pour prix de leur Sagesse,

Associés au Corps de sa haute Noblesse.

D'autres, par des talens autrefois ennemis,

Ont sçû concilier MARS, MINERVE & THEMIS. (*h*)

Leurs célébres Neveux, toûjours de Race en Races.

Ont illustré leur Nom, en marchant sur leurs traces.

Un si noble concours d'exemples glorieux

Va réünir en TOI *l'éclat de tes Ayeux.*

POURSUI *donc*, D'ARGENSON, *ta brillante Carriére,*

des Requêtes, Intendant en plusieurs Provinces, Conseiller d'Etat & Ambassadeur à Venise, où il mourut en 1651.

René II. de Voyer, Marquis de Paulmy, Comte d'Argenson, Maître des Requêtes, Conseiller d'Etat, aussi Ambassadeur à Venise, mort en 1700.

(*h*) Jean II. de Voyer, dont on a parlé cy-dessus, qui s'étoit distingué par sa valeur au Service de François I. en Italie, se rendit encore recommandable par ses Sciences & par son amour pour les Belles-Lettres qu'il avoit cultivées.

Tu conduis la Fortune, & la Gloire t'éclaire.
Ton mérite aplaudi, ton Eſprit, ta Candeur,
Un jour t'éléveront au faîte de l'honneur.
Veuille le juſte Ciel accomplir mon préſage!
Et TOI, *daigne agréer mes vœux & mon hommage.*

PRÉFACE.

AVIA Pieridum peragro loca nullius ante
Trita Solo : Juvat integros accedere fontes ,
Atque haurire : Juvatque novos decerpere flores ;
Insignemque meo Capiti petere inde coronam
Unde priùs nulli velarint tempora Musæ.
Primùm , quòd magnis doceo de rebus. . . .
. . . .
Deinde , quòd obscurâ de re tam lucida pango
Carmina , musæo contingens cuncta lepôre :
Id quoque enim non ab nullâ ratione videtur,

Lucretius Poëta & Philosophus ,
de Rerum Naturâ. *Lib.* I.

J'OSE ici le premier m'ouvrir une carriére
Que nul autre , avant moi , n'avoit osé tenter.
Les Muses n'avoient point encor fait éclater

Dans ces Lieux ténébreux leur divine lumiére.
Mais par un fier & noble essor,
Dans mon poëtique transport,
Je veux boire à longs traits de l'eau de l'Hypocrène ;
Et sur les bords de la fontaine
Je vais cueillir des fleurs dont l'éclat éternel
Couronnera mon front : Honneur qu'aucun Mortel
N'avoit encore osé prétendre :
Mais l'Ouvrage important que je vais entreprendre,
Semble justement me flater
Que je suis le premier qui le doit mériter :
Car sur une matiére abstraite, séche, obscure
Que nous voile toûjours la jalouse Nature,
Je répandrai des traits tout brillans de clartés
Que ma Muse ornera de nouvelles beautés.

PREFACE.

. . . . . nec fama Deûm, nec fulmina, nec minitanti
Murmure compressit Cœlum . . . . . .
Ergo vivida vis animi pervicit, & extra
Processit longè flammantia mœnia Mundi;
Atque omne Immensum peragravit mente, animoque.

Idem. Lucret. *Lib.* 1.

DEPUIS le Centre de la Terre
Jusqu'au delà du Monde, en parcourant les Cieux,
Je porterai mes regards curieux
Au dessus de l'Olympe, en bravant le Tonnerre.

C'EST ainsi que LUCRECE, en grand Physicien,
Philosophe intrépide & sublime Poëte,

Annonçoit ſa Phyſique au ſon de la Trompette.
Ce début étoit fier ; mais il le ſoûtint bien.
Son Eſprit tranſcendant joint à ſa hardieſſe,
Juſtifiant ſa force, a rempli ſa promeſſe.

MAIS moi, de ſon beau feu ſtérile admirateur,
Je me ſuis bien gardé de l'orgueilleuſe audace
De prétendre l'atteindre en marchant ſur ſa trace ;
Ni de ſon ſtile approcher la hauteur.
Crainte de m'égarer par un vol trop rapide,
Je me ſuis renfermé dans ma ſphére timide ;
Heureux ſi, me bornant à la ſimplicité,
J'ai pû de mon ſujet prouver la vérité !
Lors que j'en formai l'entrepriſe,
Je conſultois ma Muſe ; invoquant ſon ſecours ;

D'un si nouveau dessein Elle parut surprise,
Et me tint ce sage discours :
O TOI, pour qui ma complaisance,
De quelques vers coulans aprouva la cadance !
As-tu bien réfléchi sur la difficulté
D'argumenter en vers sur des faits de Physique,
Dont LUCRECE lui-même, en sa verve emphatique,
Quoi-qu'inspiré par moi, fut presque épouvanté ?
N'as-tu pas observé que ce riche Génie
S'est plaint amérement de la stérilité
De la Langue Latine, & dont la pauvreté
Refusoit à ses Vers le nombre & l'harmonie ?
Nec me animi fallit . . . . . . obscura . . . . . .
Difficile illustrare Latinis versibus esse ;
Multa novis verbis præsertim cùm sit agendum,
Propter EGESTATEM LINGUÆ *& rerum novitatem.*

Lucret. *Lib.* 1.

PRÉFACE.

SOUS le joug que la Rime impose aux vers François ;
Et dont l'Entousiasme est sans cesse l'esclave ;
Pourras-tu te ploïer, & soûtenir le poids
D'un stile exact & clair, noble , agréable & grave ?
Toutesfois, je veux bien , sans te décourager ;
Te montrer les écueils où tu peux t'engager.

DES graces & des fleurs de notre Poësie
Adoucir & parer l'âpre Philosophie,
Est un rare Talent : C'est un suprême don
Qu'au Parnasse on réserve aux Enfans d'Apollon.
C'est peu d'avoir reglé le plan de ton Ouvrage,
Et d'en peindre à l'idée une flateuse image ;
Il faut que l'exécution
Marche d'un pas égal avec l'invention ;

Et qu'un Eſprit hardi, ſans être téméraire,
Se conduiſe au flambeau dont la Raiſon l'é-
claire.
D'oſer tracer en vers un ſentier lumineux
Dans la Phyſique ténébreuſe,
Eſt le noble projet d'une ame généreuſe;
Mais le ſuccès en eſt douteux.
Penſes-tu que des Vers gênés par la matiére
Conſerveront leur grace entiére?
Dans un ſujet ſcabreux, aride, ſec, ingrat,
Toute la force de la Verve,
Sous des termes bornés, languit, tombe, s'é-
nerve;
Et le feu le plus vif jette un mourant éclat.
Il eſt des traits d'hiſtoire, ou pompeux, ou ter-
ribles,
Où l'Ame ſe déploie; & qui ſont ſuſceptibles
Du Grand, du Merveilleux, de la Sublimité
Où notre Art doit porter ſa noble Majeſté.

PREFACE.

S'agit-il de décrire un Combat, un Naufrage,
Ou de Guerre civile un Empire agité?
Dans de si vastes champs, l'Esprit qui se dégage
Frape des vers au coin de l'Immortalité.

IL n'en est pas ainsi quand il faut se restraindre
Au stérile récit de la construction
Des Loges du Castor : Ou quand il faut dépeindre
Cet Art qui pour le miel compose le rayon:
La Prose peut à peine exprimer la merveille
De l'Alvéole & de l'Abeille.
Ajoûte encore à ces difficultés,
La contrainte d'user de termes répétés;
Et dont le petit nombre unit à sa rudesse,
Le dégoût & la sécheresse.
Faut-il représenter les simples actions
De la Bête qui vit suivant ses notions?

Pour les bien exprimer quelle triste disette
Souffre le plus riche Poëte!
Les seuls mots de PENSE'E & de RAISONNE-
MENT,
Et ceux d'AME & de CONNOISSANCE
Font les conclusions, fixent la conséquence
Que produira chaque Argument.
Joins à ces embarras, celui des Syllogismes
Et de l'obscurité des captieux Sophismes :
Tous ces barbares mots sont, malgré les Ta-
lens,
Peu propres pour des Vers pleins, nerveux &
coulans.

COMMENT donc réfuter le langage frivole
Et les chicanes de l'Ecole ?
Dans ce sombre Cahos quel Guide prendras-
tu ?
Le goût François dédaigne un sujet rebatù.

PRE'FACE.

Sur l'Ouvrage que tu projettes,
De mille Ecrits en prose il est trop rebuté;
Et sur ces questions épineuses, abstraites,
Il veut qu'à l'agrément on joigne la clarté:
Sans cet Art ne croi pas le pouvoir satisfaire.
C'est peu de raisonner; le secret est de plaire.

SUR ces Sujets obscurs pour répandre du jour,
Il faut emprunter le détour
De l'ingénieux Apologue
Qui leur convient si naturellement.
Mais on s'ennuye au Monologue,
S'il n'est pas égayé de Sel & d'enjoûment:
Ce délicat mêlange & ce rare assemblage
Est de nos Favoris le glorieux partage.
N'importe: C'est un Art que je veux t'enseigner.
Attentif aux leçons que je te vais donner,

Profite du ſecours que ma faveur te prête.

IL FAUDRA ſur la Scene introduire une Bête
Qui de ſon Genre Brute en reclamant les droits,
Viendra de la Nature interpeller la voix ;
Et de ſes Actions tirant la conſéquence,
Démontrer que ſon Ame a quelque connoiſſance.
Cependant nul Mortel n'expliquera comment
Se forme & ſe produit ce bel arrangement.
Garde-toi bien d'entrer dans la Metaphyſique :
Un ſujet ſi ſublime eſt trop myſterieux :
C'eſt l'écueil de l'Eſprit le plus Philoſophique ;
Dont l'éternel Secret n'eſt reſervé qu'aux Dieux.
Tu te perdrois au bord de ce profond abyme ;
Et de ta hardieſſe on te feroit un crime.

PRE' FACE.

Il ſuffit qu'en Phyſicien
Tu prouves au Cartéſien,
Par démonſtrations & par l'expérience,
Que l'Ame de la Bête agit par connoiſſance.
Laiſſe aux Préſomptueux ſoûtenir leur moyen
D'aſſigner à ſon Etre, un Etre mitoyen
Entre l'Ame matérielle
Et ton Ame ſpirituelle.
Evite l'équivoque, & mets de ton côté
La docte & ſage Antiquité.
Fai, comme Elle, ſentir l'éminente diſtance
De l'Ame de la Bête, & du foible rayon
De ſon imparfaite Raiſon
Juſqu'à l'humaine Intelligence
Qui par ſa noble qualité
Sur l'autre Etre animal ſoûtient ſa dignité.
Tu ſçais que l'Apologue, au deſſus de la Fable,
Ne doit repréſenter qu'un ſujet véritable : *

* Voiez Ariſtote.

C'eſt peu qu'il ait du Vrai l'immortelle beauté;
Son plus grand avantage eſt la moralité.

VOILA l'unique objet qu'un Eſprit raiſonnable
Doit ſuivre pour unir l'Utile à l'Agréable.
ENTRE les modernes Auteurs
Pren la Fontaine pour modelle.
Inſtruire & badiner en répandant des fleurs,
Eſt le fruit immortel de ſa grace nouvelle.
Ses ſujets, il eſt vrai, plus rians que les tiens,
N'ont point des Argumens les importuns liens;
La Fable lui laiſſoit tout l'eſſor de ſa Veine:
Mais de la Vérité la majeſté t'enchaîne.
Ainſi, ne préten pas pouvoir, en liberté,
D'une douce harmonie égayer ton Traité.

JE ne ſaurois aſſés admirer ton audace,
Lors que je vois que le premier

PRE'FACE.

Tu veux riſquer une Préface
Qu'en vers François tu prétens publier.
Quoi? Pour faire ſentir qu'il eſt très-difficile
De traiter en beaux vers, avec préciſion,
Un ſujet délicat, ſérieux & ſtérile;
Tu portes ton ambition
Juſqu'à verſifier, par un nouvel uſage,
La Préface de ton Ouvrage?
Crois-tu que le Public, ce Juge redouté,
T'accordera la moindre grace
En faveur d'une nouveauté
Qui pourroit exciter du bruit ſur le Parnaſſe?
Je ſçais que notre Elêve & cher fils CRE'BILLON
Peut te ſervir d'exemple, ou plûtôt d'aiguillon.
Au Parnaſſe François lors qu'il a pris ſéance,
Il a le premier introduit,
Par ſa poëtique Eloquence,
D'un beau diſcours en vers l'uſage & le récit.
Apollon aplaudît à cette Invention

Qui par ses Décrets affermie,
Servira désormais de Constitution
Au Poëte aspirant à notre Academie.
Dans les Régîtres éternels
De notre Temple de Mémoire,
Faire graver son Nom; Est la suprême gloire
Qui seule peut aux Dieux égaler les Mortels:
Mais pour y parvenir que d'efforts, que d'obstacles!
On ne décerne cet honneur
Qu'à ceux dont le mérite est déclaré vainqueur,
Et couronné par nos Oracles.

ELLE dit. Elle vole au haut de l'Hélicon,
Et m'imprime, en partant, sa divine leçon.
Sur sa trace Elle laisse un sillon de Lumiére
Qui passa de mes yeux jusques à mon Esprit.
Ce céleste rayon m'éclaire, & me prescrit

L'ordre qui doit regner dans ma ſombre matiére.

SOUS ces préſages gracieux,
Je préſente aux SÇAVANS, & riſque ma Préface.
Si leur Sagacité me faiſoit quelque grace,
De mon Ouvrage entier j'augurerois bien mieux.
J'aurai tracé, du moins, un chemin difficile:
Un jour quelque Poëte & Philoſophe habile,
Par de ſublimes vers, pleins d'érudition,
Portera mon Projet à ſa perfection.
En attendant cet avantage,
De cet eſſai l'on pourra faire uſage.

. . . . *Si quid noviſti rectius iſtis,*
Candibus imperti: Si non, his utere mecum.

Hora. lib. I. Epiſt. VI.

APOLOGIE

APOLOGIE DES BESTES,

OU

LEURS CONNOISSANCE ET RAISONNEMENT

Prouvés contre le Systême des Philosophes Cartesiens qui prétendent que les Brutes ne sont que des Machines-Automates.

UE tu fais peu d'honneur à la sage raison,
Homme orgueilleux ! Tu fuis la brillante Lumiere
Que t'offre son flambeau : Ton erreur lui préfére,

D'une fauſſe lueur la ſombre exhalaiſon :
Plein d'une folle idée, en vain tu t'imagines
Que les Bêtes ne ſont que de pures Machines
Sans ame, ſans penſée ; & qu'un aveugle inſtinct
Les conduit au hazard ſans principe diſtinct.
Mais pour rougir de ta chimére,
Et ſentir tes illuſions,
Compare un peu tes actions
A leur conduite réguliere.
Cette comparaiſon révolte ta fierté :
Mais ſans te prévaloir de ta ſubtilité,
Oſe à ton amour-propre impoſer le ſilence;
Et tu reconnoîtras où panche la balance.

PHILOSOPHES préſomptueux,
Ne ſoyez plus ſi faſtueux
D'un eſprit ſingulier qui vous trompe & vous flate;

Quittez vos préjugés : Ecoutez les leçons ;
Ou du moins les ſages raiſons
Dont la Bête prétend fronder vôtre AUTOMATE ;
Et d'un Syſtême faux, par l'orgüeil inventé,
Vous connoîtrez l'abſurdité.

PAR un aveu public nous conſentons, dit-elle,
De vous abandonner la fiére opinion
D'être animés vous ſeuls, à notre excluſion,
Par une Ame ſpirituelle ;
Et pour vous mieux flater ſur cette dignité,
Nous ne conteſtons point ſon immortalité.
Nous ne ſentons que trop avec quelle diſtance
La nature a voulu vous élever ſur nous,
Et vous donner la préſéance :
Nous y ſommes ſoûmis ſans en être jaloux.

Quelque dur que ſoit votre Empire,
Nous le ſouffrons ſans murmurer :
Mais nous ſommes las d'endurer
Tous les traits dont on nous déchire.
On prétend dégrader par un noir attentat
Notre Nature & notre Etat.
Cet outrage nous force à rompre le ſilence.
Nos ſenſés Animaux ſe plaignent par ma voix,
Et m'ont chargé de leur défenſe.
La Nature m'inſpire & réclame nos droits :
Nous ne manquons jamais de reſpecter les vôtres ;
Pourquoi nous troubler dans les nôtres?
Daignez donc, Philoſophe, écouter nos diſcours ;
Car je m'expliquerai ſans art & ſans détours.
Nous ignorons l'empoulée hyperbole,
Et les ſophiſmes de l'Ecole.
Eclairés par le ſens-commun,

Nous n'emprunterons point d'argument importun.

DEPUIS des siécles innombrables
Nous étions en possession
D'agir en Bêtes raisonnables
Pour notre conservation:
Mais il est survenu depuis plus de vingt Lustres,
Un Philosophe audacieux
Qui croyant se rendre fameux
Par des découvertes illustres,
A risqué contre nous un romanesque Ecrit
Qui n'a pas fait honneur à son sublime Esprit.
Cette fable philosophique
A néanmoins sçû plaire au cerveau lunatique
De quelques faux Sçavans & bizares Docteurs
Que la nouveauté seule engage en ses erreurs.
Ce jeu qui devoit être une plaisanterie,
A contre nous, enfin, passé la raillerie;

Et ſes Sectateurs captieux
Ont pris ſur ce ſujet, un ton trop ſérieux.
On vit de leurs fécondes plumes
Eclore aſſez rapidement
Un nombre de petits Volumes
Ecrits avec quelque agrément :
Mais pour aprécier ces comiques Ouvrages,
On ne les met qu'au rang des jolis badinages.
Quelques traits hazardés aux dépens du bon-ſens,
Et de la nouveauté les charmes ſéduiſans,
Leur attirérent les ſufrages
De quelques Curieux, ou qui paſſoient pour tels ;
Eſprits d'ailleurs légers, vains, ſuperficiels
Qui, pour ſe ſignaler, nous chargérent d'outrages.
A peine trouvions-nous deux ou trois défenſeurs ;

Les Pédans contre nous s'érigeoient en Auteurs ;
Et le beau ſexe même, amoureux de la mode,
Exaltoit à la Cour la nouvelle méthode.
Du Héros du Parti les Diſciples fameux,
Pour éblouïr l'eſprit de l'ignorant Vulgaire,
Elévoient juſqu'au Ciel, en des termes pompeux,
Sa découverte imaginaire.
Il ſçut avec adreſſe en uſurper l'honneur,
Quoi-qu'au fonds il ne fût que ſimple imitateur,
Et même Ecrivain plagiaire,
D'un certain Charlatan, Médecin Eſpagnol,*
Philoſophe viſionnaire,
Dont le cerveau brûlé s'égara dans ſon vol.
La Brigue cependant, yvre de ſon Syſtême,
Pour le mettre en crédit, uſa de ſtratagême,
Et prit ſoin de l'entortiller

* Gometii Pereiræ Antoniana Margareta Methymnæ Campi 1554. *in fol.*

Le fictions & de fadaiſes,
En alleguant, pour preuve, un cahos d'hypotheſes
Qu'elle nous laiſſe à débroüiller.

MAIS avant que d'entrer en ce noir labyrinte,
Philoſophes, ſouffrez l'analyſe ſuccinte,
Que tous nos Animaux viennent vous préſenter,
Des reproches diſcrets qu'ils ont droit de vous faire.
C'eſt un petit préliminaire
Qui pourra ne vous pas flater.
Cependant de nos droits la modeſte défenſe
Jamais ne bleſſera l'exacte bienſéance.
Pour l'honneur de notre Etre il faut nous relever
De l'aviliſſement indigne
Où vôtre Chef fameux, par ſon orgueil inſigne,

Pour ſe faire une Secte, a voulu nous braver.
Et nous allons bientôt vous montrer ſi les Bêtes
Que vous privez de ſentimens,
Sur l'article des mœurs ne ſont pas toûjours prêtes
A vous faire rougir de vos égaremens.
Si cet article d'importance
Vous eſt prouvé bien clairement,
Il emporte la conſéquence
Que l'Animal procéde & qu'il vit ſagement;
Je vais donc commencer par un détail ſincére,
A développer ſans myſtére
Toutes les oppoſitions
De nos mœurs à vos paſſions.

NOUS voyez-vous brûler de la ſoif des richeſſes,
Et de l'ambition careſſer les foibleſſes?
Contens de la Nature, attentifs à ſa voix,

Nous suivons son penchant, nous observons ses loix.
Du jugement des sens dont elle nous partage,
Plus sagement que vous, nous sçavons faire usage.
Le présent nous suffit. Joüir est notre objet.
Sur l'obscur avenir rien ne nous intéresse,
Tandis qu'à ce soin inquiet,
La crainte & les desirs vous attachent sans cesse.

JAMAIS le moindre excès, jamais la volupté,
Ne dérangent notre santé.
Nous goûtons les plaisirs qu'inspire la Nature ;
Mais ils sont mesurez, & notre joie est pure.
Pour prolonger nos jours au gré de nos Destins
Nous ne consultons point l'art de vos Médecins ;

Dans les bois & dans les prairies,
Par un choix aſſuré nous ſçavons recourir
Aux Simples propres à guérir
Nos langueurs & nos maladies.

LES Antres, les Forêts, les Côteaux, les Gazons,
Nous ſervent de retraite, & meublent nos maiſons,
Et juſqu'aux plus petits Inſectes,
Nous ſommes nos ſeuls Architectes;
Vos Palais, je l'avouë, ont l'éclat du Soleil;
Vous les ornez d'azur & de riche dorure,
Et croyez fiérement que votre Architecture,
N'a rien parmi nous de pareil:
Mais nous vous opoſons l'admirable ſtructure
Dont nos ingénieux Oiſeaux,
Dédaignans le Compas, la Regle & la Méſure,

Sçavent suspendre en l'Air, sur la Terre & les Eaux,
Leurs nids si bien placés dans un juste équilibre,
Que leur balancement est aussi sûr que libre.
Pouvez-vous regarder sans admiration,
Le Chef-d'œuvre de l'art, le nid de l'Alcion ?
La Mer qui sur ses bords voit floter cet ouvrage,
L'admire, & par respect en écarte l'orage.
Sous un feuillage épais en goûtant la fraîcheur,
D'un Soleil trop ardent nous savons nous défendre.
Et quand des Aquilons le froid nous vient surprendre,
Dans de tiédes abris nous bravons sa rigueur.

QUOI-QUE nous ignorions le sublime Grimoire

Des Docteurs de l'Obſervatoire
Qui des reſſorts des Cieux ſont les fins Scrutateurs,
Nos petits Almanacs ſont plus ſûrs que les leurs ;
Sur eux nous avons l'avantage
De prédire, à coup ſûr, le beau tems & l'orage :
De loin nous prévoyons la foudre, les éclairs,
Les changemens des vents, les tourbillons des airs ;
Et nous avons encore aſſez de connoiſſance,
Pour nous mettre à couvert de leur noire influence.

LES Fleuves, la Terre & la Mer
Ne fourniſſent qu'à peine à vos ſuperbes tables
Ces ragoûts rafinés, ces morceaux délectables
Que l'on n'eſtime encor qu'autant qu'ils coûtent cher.

Les vins les plus exquis vous ſemblent inſipides,
Et vous empoiſonnez leur bonne qualité,
En les convertiſſant en ces flammes liquides
Qui vous brûlent le ſang par leur activité.
Cependant vous bûvez cette liqueur traitreſſe,
Dont vous pouſſez l'excès ſouvent juſqu'à l'yvreſſe.
Ainſi tous vos feſtins ſi variés, ſi doux,
Sont mêlés d'amertume & de dégoûts extrêmes.
Dans leur ſimplicité tous nos mets ſont les mêmes.
Un appétit reglé nous tient lieu de ragoûts.
Parmi nous il n'eſt point de Bête
Qui pour ſon aliment ne préfére le grain,
Tel que, pour nous nourrir, la Nature l'aprête,
Et que par tout répand ſa liberale main.
La Terre à nos déſirs offre avec abondance

Les fruits qu'elle produit pour notre ſubſiſtance.
Nos repas font honneur à la frugalité.
Notre boiſſon eſt ſaine, & ſans être enyvrante.
Elle nous déſaltére, & même nous contente,
Toûjours avec ſobrieté.

SANS ſuivre, comme vous, le caprice des modes,
Ni nous parer d'ornemens empruntés,
Nos plumes, notre peau font ſeules nos beautés,
Et toutes les ſaiſons nous les rendent commodes.
Tandis que vous tirez de nous
Vos profits, vos plaiſirs & votre nourriture;
Votre ingratitude eſt ſi dure,
Que nous ne recevons de vous,
Pour toute notre récompenſe,
Que perfidie & violence.

ECLAIRE'S & conduits par le droit naturel,
Nos mœurs, nos paſſions ſont toutes innocentes.
Nous ne craignons jamais les peines infamantes
Que contre vous décerne un Code criminel.
Parmi nous la Nature eſt toûjours reſpectée,
Même dans nos tranſports les plus voluptueux;
Mais vous la violez par l'ardeur déteſtée
D'un rafinement monſtrueux.

JE n'ai fait qu'effleurer d'une façon légére,
Et par les traits coulés d'un modeſte pinceau,
Nos inclinations & votre caractére,
Dont le contraſte entier finiroit le tableau;
Tâchons de l'achever, & de vous faire entendre
Juſqu'où la Bête peut étendre

Ses

Ses facultés d'agir & ſon raiſonnement,
Dont l'ame eſt le principe & le ſeul fondement.
Mais pour vous en convaincre, il faut que je détruiſe
Votre bizarre opinion
Que chacun parmi vous contourne & ſubtiliſe
Bien moins par examen, que par prévention.
Ainſi, ſans redouter qu'un Cenſeur me reproche
Que je veüille éluder le nœud qui nous accroche,
Je vais mettre en leur jour vos propoſitions
Que je refuterai par mes objections.

D'ABORD vous soûtenez, quoi-que l'on vous en blâme,
Que nous ſommes des Corps organiſés, ſans Ame;

Que, conſtruits on ne ſçait comment,
Nous n'avons aucune puiſſance
De voir & de ſentir par quelque connoiſſance,
Ni même machinalement.
Et par une autre idée aſſez originale,
Vous oſez nier hardiment,
Que nous ayons phyſiquement
Ce que vous appellez la faculté vitale.
Mais quand vous nous privez de ſenſibilité,
Helas ! vous le ſçavez, c'eſt cette qualité
Qui ſeule nous rend miſerables :
Que nous vous ſerions redevables,
Si votre idée étoit une réalité
Qui nous pût revêtir d'impaſſibilité !
Nous entendriez-vous crier, gémir & plaindre,
Quand, à force de coups, vous voulez nous contraindre ;

Mais nos gémissemens, notre vive clameur,
Selon vous, ne sont point des signes de douleur :
Vous ne faites de nous que des Montres sonnantes
Dont, lorsque le timbre est frapé,
Les Machines rétentissantes
Rendent le même son qui nous est échapé.
Grace à vos rêves ridicules,
Eh bien, nous voilà donc transformés en Pendules.
N'est-ce point trop nous ennoblir ?
Oui, dites-vous, il faut encor vous avilir ;
Vous n'êtes, tout au plus, que des Marionnettes
Qui, sans sçavoir agir, faites des piroüettes.
Mais nous vous répondons, levez votre bandeau ;
Notre métamorphose est dans votre cerveau.

C'eſt pour vous égayer dans votre humeur
cauſtique,
Que vous ne remuez nos Corps
Que par un mouvement de ſimple méchanique,
Dont, au lieu de nos ſens, vous faites des
reſſorts.
Quoi? le Renard, le Singe & les Bêtes canines
Ne ſont que de pures Machines
Qui, ſans perception & ſans nul ſentiment,
N'ont, dans leurs fonctions, qu'un jeu de mouvement?
L'adroit imitateur de la malice humaine,
Le Singe, loin d'agir & penſer finement,
N'eſt donc qu'un tuyau d'Orgue, ou bien
quelque inſtrument
Qui ſuit par ſes reſſorts une route incertaine?
Mais à quoi penſez-vous quand, pour nous
abaiſſer,

Vous voulez nous faire paſſer
Pour des maniéres d'Etre & pour des Corps ſans vie?
Je tiens ce dernier trait pour un trait de folie.
En des jours de bataille un Cheval plein d'ardeur
Ne vous prouve-t-il pas ſon intrépide cœur?
Quand vous nous égorgez par votre violence,
Pour tirer de nos chairs les ſucs vivifians;
Votre barbare expérience
Ne vous dit-elle pas que nous mourons vivans?
D'une Louve affamée, ou de rage écumante,
Si vous aviez ſenti la gueule dévorante
Vous entamer le bras du moindre coup de dent,
Vous ne formeriez plus votre abſurde incident.

MAIS c'eſt trop m'arrêter ſur cette bagatelle
Qui ne mérite pas tant de diſcution.
Traitons une autre queſtion
Plus digne de notre querelle.
D'un Principe certain tâchons de convenir.

QUAND vous voulez vous définir,
Ne déclarez-vous pas, ainſi que tous les Hommes
Qui n'en ſont point formaliſés,
Que vous êtes ce que nous ſommes,
Des Animaux organiſés ?
Or, ſi nous ſommes des Machines,
Vous en êtes auſſi, du plus ou du moins fines.
Avec vous, ſur ce point, nous voilà donc d'accord;
Mais nous nous récrions & proteſtons d'injure,
Lors que vous ſoûtenez que la ſage Nature
Nous a formés ſans Ame, & nous meut par reſſort.

Le ſeul mot d'Automate eſt donc ce qui nous pique,
Dans le ſens que vous l'exprimez,
En nous attribuant des Corps inanimés:
Or, ſur cela je vous replique:
Ce qui nous conſtituë en Etres d'Animaux,
Sont nos Senſations & nos Eſprits vitaux.
Mais votre Automate arbitraire
Ne ſçauroit recevoir qu'une Ame imaginaire.
Il ſuit que nous naiſſons & vivons agiſſans,
Par un Principe interne animés & penſans,
Toûjours pour notre bien en chaque circonſtance,
Procédans à nos fins par notre connoiſſance.
La Machine Automate, en ſon arrangement,
N'a point la faculté d'agir par jugement;
Avec tous ſes reſſorts d'une induſtrie extrême,
Elle ne peut penſer, ni ſentir par ſoi-même:
Mais la Nature, en nous formant,

Veut bien nous influer certain raisonnement :
Ainsi, la différence éclate
De la Bête qui pense, & de votre Automate.
Nous ne sommes point envieux
Que vos habiles Machinistes
Et vos plus excellens Artistes
Prêtent à leur Machine une langue & des yeux ;
Ils la feront parler ; mais jamais leur sçavoir
Ne fera qu'elle puisse entendre, appercevoir.
L'artifice peut bien l'exercer à la danse,
Avec grace & justesse, en mésure, en cadence:
Il lui peut encore assortir
Nos actions extérieures ;
Mais pour nos passions qui sont intérieures,
Il ne pourra jamais les lui faire sentir.
Leur Machine, en un mot, n'est qu'artificielle,
Et la nôtre, au contraire, est toute naturelle ;
Elle a, comme la vôtre, un principe pensant

Qui la regle & conduit dans un ordre conſtant.
Sans doute cet article bleſſe
Votre extrême délicateſſe.
C'eſt une vérité que vous voulez bannir ;
Mais que, pour notre honneur, nous devons ſoûtenir :
Et ſi cet argument n'eſt pas aſſez plauſible,
Je vais en propoſer un autre plus ſenſible.

QUE de vos Ouvriers le Génie inventif
Epuiſe tout ſon Art ; qu'il excelle & rafine
A perfectionner la plus rare Machine ;
Pourra-t-il lui donner un Eſprit ſenſitif ?
Suppoſons qu'en ſon Corps il place les Viſcéres,
Qu'il y joigne des Nerfs, des Veines, des Artéres ;
Qu'il les ajuſte dans leur rang,
Pour y faire couler & circuler le ſang :

Dans ce Chef-d'œuvre méchanique
Pourra-t-il faire agir la vertu prolifique,
Et lui communiquer par quelque infuſion,
Un principe effectif de génération?
La Poupée en reſſorts la mieux envelopée,
Diſpoſée, aſſortie avec dextérité,
N'aura jamais la faculté
D'engendrer une autre Poupée.
Mais tous nos Animaux ont la proprieté
De perpétuer leur eſpece
Lors que la Nature les preſſe
De joindre leurs plaiſirs à la fécondité.

VOS autres viſions plus creuſes que ſubtiles
Vous fourniſſent encor cent contes puériles:
Tâchons de les tirer de leur obſcurité,
Pour enſuite y répondre avec ſolidité,
En réfutant vos ſyllogiſmes
Et tous vos captieux ſophiſmes.

VOUS dites que nos mouvemens
Que je soûtiens produits par quelque connoissance,
Sont naturels au Corps, & tous indépendans
D'un principe d'intelligence ;
Et pour donner du poids à votre objection,
Dont vous faites souvent la répétition,
Après un détail assez ample,
Vous vous daignez, enfin, proposer pour exemple.
L'Homme, nous dites-vous, mange, boit marche, écrit,
Touche le Clavessin, badine, chante & rit,
Et tout cela se fait sans que l'Ame intervienne,
Ni que la volonté prévienne :
Ce sont des mouvemens purement naturels,
Des effets & des jeux des ressorts corporels ;

Et que dans l'Animal on nomme ſpontanées ;
Enfin, de ſimples actions
Qui ſe font ſans réflexions,
Et que la volonté n'a point déterminées.
Or, puiſque l'Homme ignore, en remuant ſon Corps,
Les méchaniques Loix qui reglent ſes Reſſorts,
Pourquoi faudra-t-il que la Brute
Ait beſoin de penſée & de raiſonnement ?
Elle ne doit agir que naturellement,
Sans connoître comment tout cela s'exécute.

LORS que vous voulez bien vous comparer à nous,
Vous nous faites honneur ; mais par là croyez-vous
Nous éblouïr & nous confondre ?

Ne vous abuſez pas ; nous allons vous répondre.

JE ne diſpute point, & conviens avec vous,
Que vous ignorez comme nous,
Comment ſe fait le Jeu de cette Méchanique
Qui par ſa Puiſſance phyſique,
Sans un ordre de l'Ame, agit ſur les reſſorts
Qui font remuer notre Corps :
Mais nous vous conteſtons l'abſurde conſéquence
Que vous prétendez en tirer ;
Lors que vous oſez aſſurer
Qu'il s'enſuit que la Bête agit ſans connoiſſance.
Car ne ſentez-vous pas que cette induction
Auroit auſſi ſur vous, ſelon votre ſyſtême,
Une juſte application ;
Et qu'il réſulteroit de votre erreur extrême,

Que quand vous agiſſez, ce n'eſt qu'aveu-
glément?
Pourquoi vous avilir ſi ridiculement?
Ne vous dégradez point pour nous faire in-
juſtice.
Quoi-que nous ignorions le ſecret artifice
Des reſſorts qui nous font mouvoir,
Nous avons cependant le don de concevoir
Le motif & l'objet, le ſujet & la cauſe
Qui nous font entreprendre ou l'une ou l'au-
tre choſe;
Et nous ſavons encor parvenir à nos fins,
Toûjours par les plus ſûrs & les plus courts
chemins;
Car quelle que ſoit la lumiére
Qui nous conſerve & nous conduit,
L'Ame ordonne, le Corps agit,
Sans que l'Homme & la Bête en ſçachent la
maniére.

Ceci ſoit dit ſans offenſer
La plus ſaine Philoſophie
Qui, nous laiſſant notre Ame & l'acte de penſer,
Vous condamne & nous juſtifie.
Mais ſur la négative un Docteur aiguiſé
N'eſt pas aiſément épuiſé;
Il ſoûtient par orgueil le faux de ſon Principe,
Ou ſon illuſion rarement ſe diſſipe.

VOUS oſez dire que le Chien
Ne voit, ne ſent, ne connoît rien.
Pénétré de douleur, s'il a perdu ſon Maître,
S'il court pour le chercher avec empreſſement;
Et d'abord qu'il le voit paroître,
S'il lui marque ſa joie & ſon attachement;
S'il le flate, le ſuit, le baiſe & le careſſe:

Si ſes ſauts, ſes tranſports expriment ſa tendreſſe;
Tout cela, dites-vous, ſe fait ſans paſſion:
Le Chien n'en ſent pas plus qu'une Aiguille aimantée
Qui ſans ceſſe ſe meut & ſe tourne agitée,
Pour rencontrer ſon Pole avec préciſion;
Dès qu'elle l'a trouvé, contente, ſatisfaite;
Elle reſte paiſible, & n'eſt plus inquiéte.

Cette abſurde comparaiſon
Fait tort au Philoſophe, & choque la raiſon:
Car que l'Aiguille, enfin, libre dans la Bouſſole,
Incline vers le Nord, cherche & trouve ſon Pole;
Son repos ou ſon mouvement
Peut-il vous démontrer un tendre ſentiment?

L'Aiguille

L'Aiguille eſt toûjours fer: l'Aimant eſt toû-
jours pierre:
Ce ſont des compoſés d'une inſenſible terre:
Mais du moins convenez que ſur ces Mine-
raux,
Nous avons l'Aſcendant des Eſprits Animaux
Vous le niez. Voyons ſi je pourai vous vaincre.
Oui; l'Eſprit de mon Chien ſuffit pour vous
convaincre.
J'en pourrois ici raſſembler
Mille faits ſinguliers qu'on auroit peine à
croire:
Mais pour ne vous pas accabler,
Je me contenterai d'en effleurer l'Hiſtoire.
Quoi-qu'injuſtement prévenu,
Vous ne combatrez pas un trait bien reconnu.

LE BARBET
DE L'OFFICIER.

CERTAIN vieil Officier réduit à la mifére
(Ce cas eft affez ordinaire)
N'avoit pour Domeftique, & prefque pour tout bien,
Qu'un Barbet qui fut fon foûtien.
Ce compagnon tendre & fidéle,
Pour fon Maître indigent fut touché de pitié,
Peut-être d'interêt. Non, c'étoit d'amitié;
Et pour le bien nourrir employa tout fon zéle.
Il prend donc le parti d'être fon Pourvoyeur.
Tantôt au Chaircutier, tantôt au Rotiffeur
Il efcamotte quelque proie
Qu'à fon Maître, à l'inftant, il apporte avec joie.

Le Boulanger voiſin n'étoit pas plus exemt
De lui fournir en pain ſon petit contingent.
Au ſurplus, adroit à la chaſſe,
Souvent il attrapoit le Canard & l'Oiſon,
Le Liévre, le Faiſan, le Lapin, la Bécaſſe,
Qu'il aportoit entiers juſques dans la maiſon.
Ainſi, chez l'Officier fumoit graſſe cuiſine
Qui calmoit ſon humeur chagrine.
Mais enfin il paya ſon tribut à la mort.
Alors dans ſa douleur amére,
Le Barbet ſe déſole, hurle, ſe déſeſpére;
Et d'un Maître ſi cher veut partager le ſort.
Dès qu'on léve le corps pour le porter en terre,
Il ſaiſit le cercueil, il le grate, il le ſerre:
En vain on le repouſſe, il veut à chaque inſtant,
Se jetter dans la foſſe, & s'enterrer vivant.
A ſa douleur ſi violente

Succéde une langueur plus cruelle & plus
lente,
Sur la fosse il se couche: il refuse le pain,
Et souffre la soif & la faim.
Les yeux noyés de pleurs, il gémit, il soû-
pire;
Et percé de douleur, sur la tombe il expire.*

Si ce fait très-récent vous paroît incertain,
Vous en croirez peut-être un autre plus anti-
que,
Et dont l'Historien Romain **
Fut même spectateur & témoin autentique.

* A Tours.
** Dion Cassius.

LE CHIEN DE SABINUS.

SABINUS Favori de Tibére César
Qui l'aimoit tendrement comme ſon fils bâtard,
Fut accuſé de quelque crime ;
Et par un Décret légitime,
Il fut conduit à Rome où, pour bonne raiſon,
Par ordre du Sénat il fut mis en priſon :
D'abord ſon Chien voulut l'y ſuivre ;
Mais, à coups de bâton, il en fut empêché :
Séparé de ſon Maître il ne pouvoit plus vivre,
Et triſte près ſa porte il gémiſſoit couché.
Cependant au coupable on fit trancher la tête
Et le tronc, avec elle, au Tibre fut jeté.

Le Chien du haut du pont, ſans que la peur l'arrête,
Dans le Fleuve s'élance avec rapidité;
Plonge au fond, prend la tête, & ſur l'eau la rameine,
Triſtement la regarde, & nageant avec peine,
Sur ſon dos il ſoûtient le cadavre flotant,
Le porte juſqu'au bord, & meurt au même inſtant.
A ce touchant ſpectacle on vit la fiére Rome
Etonnée, admirer tant de fidélité;
Applaudir & vanter la généroſité
D'un Chien dont le bon cœur fait honte au cœur de l'Homme.*

DANS les ſiécles paſſés, ni dans les tems préſens,

*Dion Caſſius.

Chez ſes meilleurs amis, ſa femme, ſes en-
fans,
Quelqu'un a-t-il oſé prétendre
De trouver dans leur cœur une amitié ſi ten-
dre?
Mais pour ſauver vos jours, vous tirer d'em-
barras,
Tous nos Chiens prodiguent leur vie,
Souvent pour des Maîtres ingrats.
Dites d'où leur peut naître une ſi noble envie?
Une pure Machine, & ſans nuls ſentimens,
Peut-elle exécuter de ſi beaux mouvemens?
Il en réſulte donc la juſte conſéquence,
Que le Chien voit, connoît, qu'il ſent, agit
& penſe;
Et qu'il eſt dirigé par un raiſonnement
Qui dans ſes actions jamais ne ſe dément.
Je paſſe encore ſous ſilence
Ses ſoins ſi vigilans pour votre ſûreté,

Ses ruſes, ſon adreſſe & ſa ſubtilité
Pour la Chaſſe, le Chant, la Muſique & la Danſe.
Si vous réfléchiſſez d'un eſprit moins hautain;
Qu'il pratique le beau du Natutel humain,
Ne conviendrez-vous pas qu'une Ame eſt l'origine
Du procédé du Chien qu'on traite de Machine?
Ces fortes démonſtrations
Ne ſont point des convictions
Pour des Eſprits opiniâtres
Qui de leurs préjugés ſont toûjours idolâtres.

VOUS prétendez prouver que tous nos mouvemens
Se font par la Machine & non par ſentimens;
Tout autre Philoſophe avoûroit le contraire.
Vous n'en convenez pas: Creuſons dans la matiére.

Mon triomphe en sera plus noble & plus brillant,
Et votre abus plus éclatant.
Quoi-que vous professiez une haute science,
D'où vous nous regardez avec tant de mépris;
Toutefois permettez que nos petits Esprits
Vous montrent nettement, malgré leur ignorance,
Le principe certain des mouvemens sécrets
Qui pour nous conserver sont toûjours si parfaits.

L'OISEAU DE PROIE
ET LE POULET.
LE LOUP
ET L'AGNEAU.

LORS qu'un avide Oiſeau de proie,
Soit Aigle, Milan ou Vautour,
Par un rapide vol s'éléve ou ſe déploie
Pour fondre tout-à-coup ſur une Baſſe-cour;
D'où vient que le Pouſſin qui ne fait que d'é-
clore,
Quoi-qu'il ne l'ait point vû, craint qu'il ne le
dévore;
Et qu'il ſe ſent ſaiſir d'un vif frémiſſement
Au ſeul ſon que produit ſon aigu ſifflement?
Quelle machine ſalutaire
Le fait fuir tremblotant du côté de ſa mere?

Par quel motif va-t-il chercher
Cet azile pour ſe cacher?

PAR quels reſſorts un jeune Agneau,
A qui le Loup eſt un objet nouveau,
S'effraie & s'enfuit-il à ſa premiere vûë
Qui le frape à l'inſtant d'une horreur inconnuë?
A la Brébis ſa Mére il a d'abord recours;
Son bélement plaintif l'apelle à ſon ſecours.
Néanmoins quoi-qu'au Loup le Chien ſoit ſi ſemblable,
Que ſouvent le Berger peut même s'y tromper,
L'Agneau tranquilement voit le Chien près l'étable,
Et même ſe raſſure en l'entēndant japer.
Ce nouveau-né ſi foible & ſans expérience,
Comment en conçoit-il toute la différence?

Par quel ſecret à-t-il appris
Que les Loups ſont toûjours ſes mortels ennemis ?
Tandis qu'auprès du Chien il paît, & le regarde
Comme un fidéle ami qui veille pour ſa garde.
Pour éclaircir ces faits myſterieux,
Loin de vous expliquer avec quelque évidence,
D'une comparaiſon vous cherchez l'aparence,
Que vous nous objectez d'un ton impérieux.
Voici la frivole réponſe
Que votre Oracle obſcur gravement nous prononce.

UNE aiguille de fer s'approche de l'Aimant :
Opoſez-lui diverſement
D'un pareil Aimant l'influence ;
Elle s'enfuit à ſa préſence.

De là vous concluez, ſans aucun fondement,
Que du Loup, du Vautour, par cettains vehicules,
Il exhale, il s'élance imperceptiblement
D'occultes qualités, de ſubtils Corpuſcules
Qui, portés dans les yeux de l'Agneau, du Poulet,
De leur fuite ſubite opérent tout l'effet.
Au défaut de raiſons ſolides,
Vous offrez de grands mots qui de preuves ſont vuides;
Et vous faites valoir comme une autorité,
Cette eſpéce de parité.

MAIS pour en démontrer la fauſſe conſéquence,
Je n'ai pas beſoin de ſcience.
Je conteſte d'abord & détruis clairement
Les concluſions ridicules

Que vous tirez de l'Argument
Du pouvoir émané de certains Corpuſcules
Qui s'élancent du corps du Vautour & du Loup,
Et que vous ſupoſez produire, tout-à-coup,
La fuite craintive & rapide
De l'innocent Poulet & de l'Agneau timide:
Car à conſiderer leur ſituation
Qui de leurs ennemis leur préſentoit la face;
Ils auroient dû d'abord, en ſuivant ſur leur trace
La ligne de direction,
Courir tout droit vers eux ſans nulle prévoiance.
Cependant, que font-ils? Ils craignent leur préſence,
Et loin de diriger leurs courſes en avant
Par un machinal mouvement,
Ils font un demi-tour, retournent en arriére,

Et chacun s'enfuit vers ſa Mére,
Pour ſe mettre à l'abri de ſa protection.

CE n'eſt donc point l'effet de l'émanation
De ces prétendus Corpuſcules
Que le Loup, le Vautour, par certains vé-
hicules,
Ont lancé de leurs corps aux fibres du Cer-
veau
Et du Poulet & de l'Agneau,
Qui leur fait éviter & fuir, à l'oppoſite,
De leurs ennemis la pourſuite:
C'eſt pour leur conſervation
Qu'un Etre intérieur produit cette action.

POUR réfuter l'erreur & les vaines chiméres
Des Puiſſances corpuſculaires
Qui font l'entêtement de vos Cartéſiens,
Cette réponſe doit ſuffire:

Car tous nos Animaux ſuivent, pour ſe conduire,
Tout ce que leur Raiſon leur fournit de moiens.

AINSI, la Vertu magnétique
Dont vous faites briller votre comparaiſon,
Dans de pareils ſujets eſt toute chimérique,
Et ne peut, avec eux, faire de liaiſon.

EN vain vous ajoûtez qu'en cette conjoncture,
Si l'Agneau, le Pouſſin, ſurpris, épouvantés,
Pour ſe mettre à couvert, prennent leurs ſuretés,
C'eſt un effet de la Nature,
Dont la ſeule néceſſité
Toûjours les détermine à leur utilité;
Car loin de conteſter cet heureux avantage
Dont la Nature nous partage,

Nous

Nous ſerions des ingrats ſi nous méconnoiſſions
Son impulſion bienfaiſante ;
Comme Principe intime & Cauſe efficiente,
Dont nous tenons nos Sens & nos perceptions :
Oui ; c'eſt notre Mobile auſſi bien que le vôtre,
Qui du plus ou du moins différent l'un de l'autre.
C'eſt pour vous en convaincre avec plus d'agrément,
Que je veux bien, par déference ;
Avoir pour vous la complaiſance
De vous donner ici le ſpectacle charmant
De quelques Animaux de différente eſpèce.
Leur bon-ſens, leur eſprit, leur grand cœur, leur adreſſe,
Qui brillent dans leurs actions,

Vous conduiront, ſans doute, à des réflexions
Qui diſſipant votre caprice,
Vous forceront, enfin, à leur rendre juſtice.
Je laiſſe du diſcours l'ordre & la liaiſon,
Et je ne veux, par leur Hiſtoire,
Que vous prouver qu'ils ont la gloire
De ſe laiſſer toûjours guider par leur Raiſon.
Je pourrois bien plus loin pouſſer cet avantage
Pour l'Animal privé, même pour le ſauvage;
Mais pour ne nous pas trop orner,
Je veux, par modeſtie, à ce point me borner.
Il en eſt parmi nous dont la fine malice
Peut de l'homme imiter la ruſe & l'artifice.
Cette Bête eſt le Singe, adroit, ingénieux,
Qui, malgré tous ſes traits hideux,
De la Bête ne ſemble avoir que l'aparence.
C'eſt donc par lui que je commence.
Mais pour repouſſer encor mieux
Tant de traits ſi calomnieux,

Je vous ferai bientôt paſſer comme en revûë
Nos Quadrupedes, nos Oiſeaux,
Nos Monſtres des déſerts & d'autres Animaux,
Dont l'Ame groſſiére eſt pourvûë
De ſi grands ſentimens, ſi généreux, ſi doux,
Qu'on en trouve très peu d'auſſi beaux parmi vous.

LE SINGE ÉCHAPÉ.

ENTRE l'Homme & le Singe il eſt tant de diſtance,
Quand il faut au niveau raprocher leur raiſon;
Que je n'aurai point l'inſolence
D'en faire, en tous les cas, une comparaiſon.
Lors que cet Animal de mine ridicule
Veut s'ériger en votre Emule;
Ce n'eſt que du mauvais côté
Qui touche de plus près votre malignité.
Cet endroit, néanmoins, lui devient favorable,
Puiſqu'il lui ſert à vous prouver
D'une maniére inconteſtable,
Que vous ne pouvez le priver;
Sans erreur & ſans injuſtice,

D'un jugement mêlé de ruſe & d'artifice ;
Et pour vous en tracer des opérations ;
Je vais vous faire ici trois diſſertations.

UN vieux Singe ruſé ; mais pourtant ſans malice
(Ce cas eſt aſſez rare) étoit doux, familier,
Et de cent tours badins de ſon joli métier,
Il ſçavoit pratiquer l'agréable exercice.
Il avoit ſçû gagner, par tous ſes jeux folets ;
L'amitié de ſon Maître & celle des Valets.
Il eut une avanture & hardie & plaiſante
Dont il ſe dégagea par ſa ruſe prudente.
La ſcene s'eſt paſſée en Suiſſe, en un Hôtel
De la Ville de Neûchâtel.
Mais n'allez pas tirer de cette circonſtance
Une maligne conſéquence.
Quoi-qu'il en ſoit, ce Singe étoit ſi bien traité.
Qu'il étoit preſque en liberté.

D'une corde longue & légére,
De crainte de le perdre, on l'avoit attaché;
De façon qu'il pouvoit, ſans en être empêché,
Se donner dans la cour une large carriére.
Toutefois, ſe croyant encor trop reſſerré
Dans le libre circuit d'un aſſez long eſpace;
De ſa corde qui l'embaraſſe
Il dégage & défait tous les nœuds à ſon gré.
Enſuite, avec les dents il coupe, tranche, arrache
Le bout inférieur qui le tient à l'attache:
Mais ce qui cauſe ſon effroi,
C'eſt qu'il faut qu'il traîne après ſoi
L'incommode & dangereux reſte
Qu'il n'a pû détacher de ſon lien funeſte.
Bien-tôt, à la faveur des ombres de la nuit,
Devenu plus hardi, ſur les toits il s'enfuit.
Là, tandis qu'il s'égaie, il voit briller la Lune
Qui prête ſes rayons à ſa bonne fortune.

Alors, s'il se souvient de sa captivité,
C'est pour mieux respirer un air de liberté.
Charmé de n'être plus esclave,
Il parcourt à loisir les maisons du quarrier:
Du toit il descend à la cave;
De la cave il monte au grenier.
Il admire au Jardin les fleurs que font éclore
Les Zéphirs & les pleurs de la naissante Aurore.
Il cherche, flaire, tâte, & prend le meilleur fruit
Qui convient à son appétit.
Déja le Dieu du jour dans son Char de lumiére
Avoit éclairé l'Horizon;
Et l'absence du Singe avoit mis la Maison
Dans un trouble mêlé de crainte & de colére.
Alors, le Domestique inquiet, incertain,
S'aproche de son Maitre, & d'un air de chagrin
Il lui déclare & lui récite
Les ruses de son Singe & sa sécréte fuite.

On s'arme de bâtons, on le cherche partout;
On parcourt la maison de l'un à l'autre bout;
Mais le Singe, à ce bruit, avoit pris son parti:
Il regagne les toits: C'est là qu'il se retranche,
Et que dans sa joie il s'épanche,
A couvert des assauts dont il est averti.
Agile & vigilant il pare avec adresse
Les pierres que de loin on lui lance sans cesse:
Il s'aperçoit qu'on cherche à le joindre de près:
Il sçait que par le bout de sa corde qu'il traîne
On pourroit le saisir & l'attirer sans peine;
Mais alors à ses piés il la retire exprès.
Ainsi, de toit en toit, il court, saute & plaisante
Sans laisser sa corde pendante
Qu'il prend toûjours grand soin de tirer promment,
Afin de prévenir un triste événement.

C'eſt par cette fine conduite,
Que de ſes ennemis il trompe la pourſuite;
Et qu'il trouve le ſeul moien
D'éviter l'embarras d'un reſte de lien.

QUOI-QUE cette action ſoit ſimple en apparence;
Il regne dans le fond un Eſprit de prudence
Qui, partout répandu, fait voir ſenſiblement
Que par un vrai raiſonnement
Cet Animal a ſçû prévoir & ſe défendre
Des piéges qu'on lui pouvoit tendre:
Mais ſi vous exigez des faits plus importans;
Et qui vous prouvent mieux toute ſa connoiſſance,
Je vais vous en convaincre, avec pleine évidence,
Par un détail certain de deux faits éclatans.

LE SINGE
DE CHARLES-QUINT.

De tous les Animaux que produit la Nature,
Chaque eſpèce eſt diſtincte & le nombre infini:
Mais elle a dans le Singe, à peu près, réüni
Ce qui d'un Homme laid préſente la figure.
Sur elle tous ſes traits paroiſſent copiés.
C'eſt un Homme croqué qui marche à quatre piés.
Si dans ſon compoſé bizarre
La Nature ſe jouë; au moins elle répare,
Par un joli mêlange & d'eſprit & d'humeur,
Tous les défauts de ſa laideur.

MAIS dites-nous ici, Philoſophe équivoque,

Parmi vous n'eſt-il point de ces Ours mal-léchés,
Que la Nature encor n'a pas bien ébauchés;
Et dont l'Eſprit répond à la mine baroque?
Ne produit-elle pas tous les jours à vos yeux
De ces Maſſes de chair dont la ſtructure informe
Ne préſente qu'un Homme imparfait & difforme,
Et dont le caractére eſt des plus odieux?
Leur Ame envelopée en un bloc de matiére;
Ne peut du ſens-commun atteindre la lumiére.

LE Singe eſt bien plus fin: il pénétre, il prévoit,
Exécute; ou du moins, imite ce qu'il voit.
Quoi-que vif & badin, ſa malice agréable
Rend ſon Eſprit diſciplinable.
Ecoutez un beau trait qu'on vous peut garantir;

Puisqu'un grand Empereur * daigna s'en divertir ;
Et qu'il a trouvé place en sa fameuse histoire
Pour en conserver la mémoire.

UNE jeune Guenon élevée au Palais
Faisoit de ce Héros quelquefois les délices.
Outre tous ses progrès dans les jeux d'exercices,
On sçut lui faire apprendre à joüer aux Echets.
Ce fait qui paroît incroiable,
Est néanmoins très-véritable.
Ce Prince voulut bien se donner le plaisir,
Dans un moment de son loisir,
De commencer une partie
Assez plaisamment assortie
Avec ce petit Animal
Qui, fier de cet honneur, se croyoit son égal.

* Charles-Quint.

ON aporte un Damier ; on y range les piéces,
Dont les vives couleurs de diverſes eſpéces
Brilloient d'un émail précieux
Qui de notre Guenon éblouïſſoit les yeux.
Placée en un Fauteüil, elle a ſous ſon derriére
Un couſſin de velours qui la rend bien plus fiére.

APRE'S que l'Empereur a commencé le Jeu,
Elle touche un des Pions, elle l'avance un peu;
Mais quand elle aperçoit qu'une Piéce eſt en priſe,
Elle la tourne en badinant;
Fait ſemblant de rêver, & puis ſaiſit l'inſtant
De la retirer par ſurpriſe.
C'eſt pour la punir doucement
De ſa ruſe trop indiſcrette,
Qu'on lâche ſur ſes doigts, aſſez légérement,
Quelques petits coups de baguette.
La Guenon ſent ſa faute; & craignant le retour,

Elle avance sa Dame, ou fait roquer sa Tour.
De chaque Piéce principale
Elle sçait exercer & la marche & les droits:
Ici son Chevalier, là son Fou se signale:
Tous, jusqu'au dernier Pion, font de vaillans exploits.
Quand elle a réussi dans quelque coup d'adresse,
Le Palais retentit de ses cris d'allégresse.
Cependant son vainqueur, par ses arrangemens,
La force en ses retranchemens;
Et le moment fatal s'avance
Où son jeu trop broüillé se trouve sans défense.
Attentive à sauver & sa Dame & son Roi,
Le mot d'Echec & Mat la fait trembler d'effroi.
Enfin, quand elle voit que, malgré ses finesses,
Sa défaite est certaine, elle broüille les piéces,
Et les jetant par terre avec emportement,
Renverse le Damier & s'enfuit brusquement:

Mais, par précaution, cette maligne Bête
Du fond de ſon fauteüil avoit tiré ſoudain
Et par fineſſe ſon couſſin,
Dont, pour parer les coups, elle couvre ſa tête.

BIEN des Hommes, en pareil cas,
Se tireroient plus mal d'un ſemblable embaras.
Combien s'en trouve-t-il dont l'Ame trop groſ-
ſiére
N'a jamais bien compris les plus ſimples ſécrets
De cette marche réguliére
Qui s'obſerve au fin jeu d'Echets?
Du Singe, cependant, l'attention légére
A ſçû développer tout ce petit myſtére.

EN quittant ſa partie à-t-il pû faire mieux,
Pour ſe mettre à couvert des coups imperieux
Dont le menaçoit la baguette,
Que de ſaiſir ſon oreiller,

Le mettre sur sa tête, & vîte se couler
Subtilement en sa logette?

APRE'S cette observation,
S'il vous restoit encor la moindre répugnance
D'avoüer que le Singe a quelque intelligence,
Le fait qui suit sera votre conviction,

LE

LE SINGE
ET L'ECOLIER.

LE Singe & l'Ecolier ſont preſque même choſe
Pour la malice & pour l'oiſiveté.
Sans peine on conviendroit de cette parité,
Si nous étions au tems de la Métempſicoſe.
Quoi-qu'il en ſoit, un Ecolier
Eloigné des yeux de ſon Maître,
S'amuſoit dans ſa chambre, au lieu d'étudier,
A regarder par la fenêtre
Sur la terraſſe d'un jardin
De la maiſon de ſon voiſin.
Il aperçut un Singe étendu ſur le ſable,
Dans un beau jour d'Eté, pur, ſerein, agréable,
Reſpirant des Zéphirs cette aimable fraîcheur

Qui d'un Soleil trop vif temperoit la chaleur.
Cet Ecolier jaloux d'un état si tranquile,
Prend un Miroir ardent que d'une main habile,
Il présente au Soleil dont il rassemble & joint
La chaleur concentrée en son plus juste point.
Charmé de sa malice & de son industrie,
Sur le Singe il ajuste, il adresse à propos
Les rayons réünis qni lui percent le dos.
Cet Animal surpris, saute, s'agite & crie.
Arrêté par sa chaîne il se cache en un coin,
Pour voir d'où vient le feu qui le brûle de loin.
Il découvre bien-tôt que c'est l'effet d'un verre
Tourné vers le Soleil assez obliquement,
Dont les rayons sur lui dardés directement,
Percent comme la flamme & l'éclair du Tonnerre.
Cependant l'Ecolier continuant son jeu;
Le Singe ne pouvoit se soustraire à son feu.
On avoit près de lui laissé par avanture,

Uu tas de vieux chiffons, restes de baliüres.
Dans cet amas confus il choisit un Ecran
D'où pendoit un bout de ruban.
Oh, qu'il faisoit beau voir ses tours de Singerie!
Couvert de cet Ecran comme d'un Parasol,
Il brave le miroir avec effronterie,
Et marche gravement comme un fier Espagnol.
L'Ecolier indigné de sa morgue insolente,
Redouble ses efforts, & toûjours lui présente
Les feux de son Miroir ardent
Que de tous côtés il lui lance ;
Mais le Singe, à l'instant, pare leur violence
A l'abri de l'Ecran qu'il tourne en gambadant,
Et qu'aux traits du Soleil avec art il opose.
L'Ecolier de dépit sur son lit se repose.
Enfin, ces petits jeux ayant duré long-tems,
Ce beau combat finit faute de combatans.

De ce nouveau genre d'escrime

Quelque Payſan eût été
Et le joüet & la victime.
Le Singe plus ſubtil a pourtant évité,
Par ſon raiſonnement ſuivi de connoiſſance,
Un péril préparé par l'effet imprévû
De ce Verre brûlant qu'il n'avoit jamais vû;
Et dont il ignoroit la ſecrette puiſſance.

S'IL faloit détailler tous les faits ſinguliers,
Et les tours ſurprenans qui ſignalent ſans ceſſe
Du Singe ingénieux la maligne fineſſe,
Il faudroit employer des volumes entiers.
Mais ſi les trois récits que je viens de vous faire,
Ne prouvoient pas aſſez qu'une raiſon l'éclaire,
Vous pouvez conſulter vos plus graves Auteurs
Et les Rélations des fameux Voyageurs:
Leurs reſpectables témoignages
Vous prouvent invinciblement,
QUE ce fin Animal a plus d'entendement

Que n'en ont la plûpart de vos Peuples Sauvages;
Il sçait adroitement pratiquer les moiens
D'en imposer aux Indiens;
Et même, il sçait lier par ses façons gentilles,
Un commerce galant avec leurs jeunes filles:
On en voit naître tous les jours
D'assez bizarres fruits de leurs libres amours,
Dont la production à l'Homme est si semblable;
Que chez ces Nations il passe pour croiable
Que le Singe malin refuse de parler,
Et feint d'ignorer leur langage,
Pour s'exemter de travailler,
Par esprit de paresse & de libertinage. *

TOUT cet enchaînement de causes & d'effets
Ne nous fournit-il pas des moiens bien parfaits

* Voi. le Voiage autour du Monde par Gemelli Jurisconsulte. Et le Pere Caussin Jésuite.

De vous perſuader, ſans nulle réſiſtance,
Que le Singe connoît, qu'il raiſonne & qu'il penſe ?

JE vous attens ici, NOUVEAUX REFORMATEURS,
Sur l'état de notre Etre, AVEUGLES DISCOUREURS ;
Pouvez-vous ſoûtenir l'erreur qui vous entête,
Quand vous prétendez que la Bête
Eſt inſenſible, & que ſon Corps
Se meut ſeulement par reſſorts ?
Venez nous démontrer ſelon votre ſyſtême,
Et dans vos hypotheſes même,
Par quelles liaiſons de reſſorts, & comment
L'Automate ſans Ame & ſans nul ſentiment ;
Eſpece d'Animal, & Machine impaſſible,
Peut du Singe égaler les opérations ?
Son Appétit concupiſcible

Ne vous fait-il pas voir qu'il a vos paſſions?

DITES-nous par quels véhicules,
CERTAINS Eſprits ſubtils & CERTAINS Corpuſcules,
Ont fait par un CERTAIN Pouvoir,
Exhaler CERTAINE influence,
Par laquelle le Singe, à l'aſpect du Miroir,
S'eſt armé d'un Ecran contre ſa violence?

NE me reprochez pas ma répétition
De votre mot chéri de CERTAIN & CERTAINE.
Je vais vous informer de mon intention.
Tout Bête que je ſois, j'ai reconnu ſans peine,
Qu'il ne comporte point de définition:
J'ai voulu badiner ſur votre expreſſion
Qui de vos faux-fuyans eſt la reſſource vaine.
Au défaut de raiſons, quand la preuve vous gêne,

Vous faites de ce terme, à chaque objection,
Votre unique ſolution.
Ceci ſoit dit par paranthèſe ;
Je la ferme ; je crains qu'elle ne vous déplaiſe.
Or, je reprens tranquilement
La ſuite de mon Argument,
Dont je ſçaurai bientôt tirer ma conſéquence.

LES rayons réünis au foyer du Miroir,
Et lancés ſur le Singe, ont-ils pû le mouvoir
A choiſir un Ecran pour arme de défenſe ?
A-t-il pû machinalement
S'en ſervir ſi ſubtilement ?
N'eſt-il pas évident qu'il faut que la Penſée
Ait d'abord préparé cette action ſenſée,
Et qu'un juſte diſcernement
Ait formé cet arrangement,
Dont une attentive conduite
A dirigé toute la ſuite ?

MAIS au Singe joüeur d'Echets
Remontons l'Argument. Eſt-il quelque aparence
Qu'il ait apris cette Science
En conſéquence des effets
De la loi de la Méchanique ?
Quelque Atome crochu, quelque Eſprit ſympathique
De ces piéces d'Echets a-t-il pû s'exhaler,
Et par les pores ſe couler
Juſqu'à ſa GLANDE PINEALE ?
Et diſpoſer ſi bien ſa Machine animale,
Par le ſeul mouvement de ſes divers reſſorts,
Qu'il ait pû de ce Jeu combiner les rapports?

UN tel raiſonnement ſeroit-il recevable ?
Votre Syſtême déplorable,
DOCTEURS, n'a pourtant point de meilleur fondement.

En expoſer le faux & tout le ridicule,
C'eſt à l'eſprit le moins crédule
Démontrer votre égarement.
Rendez-vous donc à l'évidence
Qui prouve que la Bête agit par connoiſſance.

LE CHIEN ET LE CHAT.

POUR exprimer l'humeur contraire
D'une Femme enjoüée & d'un Mari fâcheux;
Il regne parmi vous ce Proverbe ordinaire,
Que comme Chien & Chat ils s'accordent tous deux.
Cette comparaison injuste & téméraire
Nous offense & provient d'un conte populaire;
Je vais vous en montrer l'erreur;
Et que ces Animaux de differente espece
Doivent faire admirer leur sympatique humeur;
Puisque leur union va jusqu'à la tendresse.

UNE Chienne, une Chate en un même Taudis *
Firent, le même jour, chacune deux Petits:
Et comme elles vivoient en bonne intelligence,
La Chienne prit un Chat, le coucha dans ſon lit,
Et lui donna ſon lait comme à ſon propre fruit.
Notre Chate, à ſon tour, prit par reconnoiſſance,
Un Chien qu'elle nourrît avec affection,
Comme s'il eût été de ſa production.
Ces deux Méres ainſi confirmérent entr'elles,
Par un partage égal, leurs amitiés fidelles:
Et le Chien & le Chat, fréres d'adoption,
Ont toujours conſervé leur premiere union.

POUR calmer des amis les piquantes querelles

* A Paris.

Et des Epoux chagrins les divorces d'éclat,
Que ne les portez-vous à prendre pour modelles,
Ces merveilleux accords, & du Chien & du Chat?
Un si sage conseil que la Bête vous donne
Doit vous convaincre assez que sa Raison lui sert
A vous montrer, à découvert,
Que la vôtre, en ce cas, souvent vous abandonne.
Suivez notre conduite, examinez son cours;
Vous verrez que les Loups, les Lions & les Ours
Vivent dans les forêts, entr'eux plus sociables,
Que ne sont, parmi vous, tant d'Hommes intraitables.

LA CICOGNE ET LE PELICAN.

PLUS la Cigogne vit, plus sa longue vieillesse
L'incommode. Son bec si droit & si pointu
Qui par l'âge se courbe en crochet rabatu,
L'empêche de manger, quoi-que la faim la presse.
Mais dans cet état malheureux,
Les Petits ont soin de leur Mére;
Et lui font faire bonne-chére
De leurs mets les plus savoureux.
Leur cœur rempli d'amour & de reconnoissance,
Qui ne peut oublier avec quelle bonté

Elle les a ſoignés dans leur plus tendre enfance,
Les porte à la nourrir dans ſa caducité.
Alors, vous les voyez, d'une ardeur appliquée,
Remplir, à ſon égard, leurs devoirs tour à tour;
Et pour n'y point manquer, s'empreſſer chaque
jour
A lui faire avaler leur meilleure béquée.
C'eſt par ces ſecours mutuels
Qu'ils prolongent leur longue vie,
Malgré leur défauts naturels,
Et ceux dont leur vieilleſſe eſt encore ſuivie.

TROUVEZ-vous cet amour & cette atten-
tion
Chez vos Enfans les plus aimables?
Dans vos beſoins preſſans s'ils vous ſont ſecou-
rables,
C'eſt plus par vanité que par affection.
Il eſt vrai que chez vous la Nature s'égare;

Souvent elle produit par une indigne erreur,
Et même à votre deshonneur,
Des Peres inhumains & d'une Ame barbare;
Qui refuſent le pain à leurs propres Enfans
Dans la foibleſſe de leurs ans.
Mais il regne chez nous un naturel plus tendre:
VOYEZ le Pélican qui ſe perce le flanc,
Pour nourrir ſes Petits aux dépens de ſon ſang
Que ſon amour lui fait répandre.

INTERPRETEZ à votre gré
De ces ſages Oiſeaux la conduite ſenſée;
Vous connoîtrez, enfin, qu'il faut que la penſée
En ſoit le Principe éclairé.

LA

LA POULE ET LES CANNETONS.

VOYEZ des Cannetons qu'une Poule a
couvés,
Et qu'avec ſes Pouſſins ſes ſoins ont élevés :
Si-tôt qu'ils ſont éclos, ſon aveugle tendreſſe
Les adopte malgré leur différente eſpece,
Surpriſe, elle les voit ne reſpirer que l'eau,
Et courir ſe plonger au plus prochain ruiſſeau.
Là, leurs courſes, leurs bonds, leurs coups
d'aîle & de tête
Arroſent largement leurs dos;
Et le ruiſſeau troublé blanchit des petits flots
De cette légére tempête.
La Poule, cependant, voltigeant ſur les bord

Inquiéte, effrayée, à grands cris les rapelle;
Et pour les ramener près d'elle,
Court de tous les côtés, & fait de vains efforts.
Elle flate de loin la troupe fugitive,
Et lui montre un endroit pour regagner la rive.
Peine inutile. Alors, sans craindre le danger,
Prodigue de sa vie, & d'amour animée,
Elle les suit dans l'eau; mais lasse de nager,
Elle gagne le bord encor plus alarmée.
Pénétrée en secret de honte & de douleur
D'avoir couvé des œufs d'une race Canarde,
Elle reconnoît son erreur,
Et quitte sans regret sa famille bâtarde;
Pour partager sa joie & tous ses soins bénins
A ses légitimes Poussins.

Cette scène, quoi-que badine,

Suffit pour vous prouver, même avec enjoûment,

Que cette Poule agit par un discernement

Iudépendant de la Machine.

LE CASTOR.

LES Lacs du Canada ſont peuplés ſur leurs bords
Des habitations que s'y font les Caſtors.
Mais ſi vous ignorez avec quelle induſtrie
Ils conſtruiſent leurs logemens
Dans une exacte ſymmétrie ;
Je vais vous en tracer les beaux arrangemens
Qui prouveront que leur conduite
Eſt d'un Etre qui penſe & l'effet & la ſuite.

CES adroits Animaux ſçavent pluſieurs métiers ;
Ils ſont en même tems Maçons & Charpentiers,
Leurs dents taillent le bois, leur queuë eſt leur truëlle,

Et leurs piés ſont leur manivelle.
Les travaux ſont reglés & partagés entr'eux ;
Dont voici le ſuccès & l'ordre merveilleux.

LES plus forts ſont chargés de la tâche pénible
D'abatre & de traîner le bois au bord de l'eau :
Les autres, par un art qu'on croiroit impoſſible,
Y ſçavent enfoncer des pieux à ſon niveau.
Celui qui va plus loin chercher la terre glaiſe
Sçait, pour l'aporter à ſon aiſe,
Pratiquer à propos l'artifice ſuivant :
Il l'embraſſe, & la tient de certaine maniére
Entre ſes pates de devant,
Qu'il revient en marchant ſur celles de derriére.
Avec ſa large queuë il la trempe, il la bat ;
Et lors qu'il l'a pétrie & miſe en bon état,
Il en fait un mortier qu'il arrange par couche ;
Dont, en couvrant le haut de chaque pilotis,
Il forme le plancher qu'il aplanit & bouche

Avec des rameaux aſſortis.
De cet aquatique édifice
Les troncs d'arbre plantés font tout le fondement.
Le mortier compoſé de terre graſſe & lice
Fait le comble & le logement.
La Cabanne eſt, pour l'ordinaire,
Environ de dix piés en longueur & largeur,
Et juſqu'à cinq de profondeur,
Conſtruite en perpendiculaire :
Et pour plus de ſolidité,
L'eſpace du dedans eſt toûjours bien vouté.
L'enceinte en ovale eſt tournée,
Et toute ſa hauteur en dôme eſt terminée.
Ils la font déborder de cinq piés hors de l'eau;
En laiſſant une porte au-deſſus du niveau,
De crainte qu'en hyver quelque monceau de glace
Ne ferme leur paſſage, ou ne les embaraſſe;

Et de la façon qu'ils la font,
L'eau ne peut pénétrer les côtés ni le fond.

SI d'un Eté brûlant les chaleurs excessives
Ont fait baisser les Lacs & desseché leurs rives,
Les Castors aussi-tôt y font un Batardeau ;
Mais c'est avec tant de mésure,
Que lors qu'à leur cabanne ils font remonter l'eau,
Elle n'en peut qu'à peine effleurer l'ouverture.
Ils ont encor l'attention
D'en élever par dégrés les étages ;
Et pour se garantir des furieux ravages
D'une grande inondation,
Ils dressent en talus une digue ou chaussée
D'une convenable hauteur,
Qui dans ses fondemens a six piés d'épaisseur,
Et se termine à trois quand elle est exhaussée.
Ils sçavent l'affermir par des pieux enfoncés

Que des rameaux plians tiennent entrelaſſés ;
Et pour les cimenter d'un enduit plus ſolide,
De terre glaiſe ils rempliſſent le vuide.

PAR un commun accord, ce Peuple de Caſtors
Cabanés ſur les mêmes bords,
Se range par corvée à ce pénible ouvrage
Auquel leur péril les engage.
Tous les Chaſſeurs ont obſervé
Qu'à ce rude travail un vieux Caſtor préſide
Juſqu'à ce qu'il ſoit achevé ;
Et qu'il ſert aux jeunes de guide.

SI quelque pareſſeux agit trop mollement,
En traînant dans les bois les arbres qu'ils abattent,
Les autres quittent priſe, & vigoureuſement
Sur lui ſe jettent & le battent.
La juſtice chez eux s'exerce & regne en tout,

Si de l'arbre abatu les forts portent un bout,
Et que les plus foibles languiſſent
Sous le poids du fardeau de l'autre bout porté;
Quelques forts à leur peine auſſi-tôt compatiſſent,
Et ſe rangent de leur côté.

CES digues dont le nombre empêche les paſſages
Des frêles canots des Sauvages,
Sont détruites ſouvent par ce Peuple fougueux:
Mais les Caſtors laborieux
Qui ſont intereſſés à garder leur ouvrage,
Dans une ſeule nuit réparent le dommage.

JAMAIS les Caſtors étrangers
Qui n'ont point partagé leurs travaux, leurs dangers,
Ne peuvent s'établir dans leurs fortes enceintes;

Tout le Canton se ligue & chasse les coureurs,
Dont les familles sont contraintes
D'aller chercher retraite ailleurs.

C'EST ainsi que chacun dans sa loge aquatique
Conserve son apartement,
Et qu'ils forment séparément
Une espece de République.
Chaque famille vit avec tranquilité
Dans une honnête liberté.
Mais lorsque le Pére & la Mére
Ressentent de l'amour le charme & la douceur,
Et qu'ils se veulent satisfaire,
Ils ont soin d'écarter leurs Petits par pudeur.
Il n'est point d'Animaux plus discrets ni plus sages;
A leur exemple aussi, les fréres & les sœurs;
Dans les transports de leurs ardeurs,
Vont faire en sécret leurs ménages.

S'ils ſont logés étroitement,
A méſure que croît leur famille nombreuſe;
Leur inclination ſage & laborieuſe
Les porte à ſe bâtir un nouveau logement.

LE Mâle & la Femelle ont aſſez de conſtance
Pour ne faire jamais de ſeconde alliance;
L'un de l'autre contens, leurs jours coulent en paix
Dans une amitié mutuëlle;
Et leur union eſt ſi belle,
Que le Mâle afligé ne s'engage jamais
Dans une tendreſſe nouvelle
Après la mort de ſa Femelle.

QUE contre les Humains ce ſujet diſcuté
Ouvriroit un beau champ à la Moralité!
Quelle application n'en pourrois-je pas faire
A tant d'Epoux d'humeur légére,

Qui ne ſont pas ſi-tôt unis des nœuds d'Hymen,
Que leur libertinage ou leur folle inconſtance
Les fait brûler d'impatience
De les rompre le lendemain?
De nos Caſtors Bêtes ſauvages;
Que la raiſon ici ſur l'Homme a d'avantages!
C'eſt aſſez. Mais voyons leurs moindres actions
Qui ſont, de leur intelligence,
Ou du moins, de leur connoiſſance;
Les ſenſibles convictions.
Son odorat eſt fin, ſon oüie eſt ſubtile;
De bien loin il entend & ſent même un bateau
Au ſillage léger qu'il a laiſſé ſur l'eau,
Quoi-qu'il n'ait qu'éfleuré ſa ſurface tranquile:
Si-tôt qu'il en a pris le vent,
Juſques au fond du Lac il ſe cache en plongeant.
Après un très-long tems on le voit reparoître;
Et c'eſt alors qu'il fait connoître,

Par un ſignal qu'il donne aux Caſtors d'alen-
tour,
Qu'ils doivent du Chaſſeur éviter le retour;
De ſa large & nerveuſe queuë
Il frape ſur l'eau pluſieurs fois;
Il en réſulte un bruit dont les Lacs & les
Bois
Rétentiſſent au loin à plus de demi lieuë;
Et ce bruit eſt pour eux un avertiſſement
De ſe retirer promtement.
Une précaution ſi prudente & ſi fine
Peut-elle provenir d'une ſimple Machine?

POUR vous faire un détail complet
De cet Animal amphibie,
Il ne me reſte plus qu'un trait
Touchant ſon régime de vie,

QUOI-QUE de ſa nature il tienne du Poiſſon,

Il n'en mange jamais : Sa plus chére moiſſon
Eſt celle qu'en Automne avec ſoin il raſſemble
Des troncs d'un arbre verd que l'on appelle Tremble :
De ſon écorce tendre ils ſont très-curieux :
Ils en font, en Hyver, leurs mets délicieux.
Le Printems leur fournit d'autres branches plus fines,
Qu'ils ſçavent bien choiſir ſelon leurs appétits.
Ils vivent en Eté de diverſes racines ;
Et d'herbe la plus fraîche ils garniſſent leurs lits.
Mais ils ont pour l'Hyver des Branches de Platane
Qu'ils taillent en copeaux ſi fins, ſi délicats ;
Qu'ils leur ſervent de matelats
Qui rendent plus molets les lits de leur cabane.

Pour ſe nourrir durant l'Hyver,
Ils font proviſion de bois tout le plus verd
Qu'ils tiennent auprès d'eux au fond de la Riviere,
Et l'y conſervent avec ſoin ;
Pour s'en ſervir dans le beſoin :
Ils l'y rangent d'une maniére,
Qu'ils en font un tas régulier
Comme une eſpece de chantier
Qui leur donne un moien facile
D'en tirer des morceaux ſans déranger la pile.

QU'UN habile CARTESIEN
Arrange, ſupoſe & combine
Avec tous ſes reſſorts l'AUTOMATE-MACHINE :
Pourra-t-il trouver le moien
De faire à l'aveugle matiére
Imiter du Caſtor l'art & l'arrangement

Dont il bâtit ſon logement
D'une forme ſi réguliére ?
Ce bel enchaînement & d'ordre & de deſſein
Eſt-il bien au-deſſous du jugement humain ?
D'un Artiſan adroit l'idée ingénieuſe
Peut bien imaginer le plan d'un bâtiment ;
Mais pour l'exécuter ſans aucun inſtrument,
Sa main n'eſt pas aſſez induſtrieuſe.
Le Caſtor qui n'a que ſes dents,
Ses pates & ſa queuë, a des expédiens
Pour enfoncer des pieux au fond de la Riviére,
Même pour y bâtir une chauſſée entiére.
Que ſçavons-nous ſi vos Maçons
N'ont point apris de lui la regle & les façons
De conſtruire des Ponts, des Digues & des Voutes,
Et l'art de détourner les Fleuves de leurs routes ?

Du

Du moins, vous apprenez par les rélations
Qui du Miſſiſſipi font des deſcriptions,
Que de tout ce Climat les Habitans ſauvages
Ne peuvent égaler ſes merveilleux ouvrages;
Que, contens de les admirer,
Juſqu'à ſon induſtrie ils n'oſent aſpirer.

LE CANARD.

DE ſa nature le Canard
Eſt grand jaſeur & babillard ;
Mais ils connoît ſon foible, & ſent ce qu'il hazarde
Lors qu'imprudemment il nazarde.
C'eſt auſſi par précaution,
Que dans certaine occaſion
Il ſçait ſe faire violence,
En s'impoſant la loi d'un utile ſilence.
Le voyez-vous dans un étang,
Léger, éfleurer l'eau pour rafraîchir ſon ſang?
Tantôt tranquile & fier, il flote, il ſe balance.
Tantôt par mille bonds il ſe jouë, il s'élance.
Là, reſpirant le frais autour des joncs fleuris,
Il voudroit, tout joieux, faire éclater ſes cris ;
Mais il voit près de lui certain Oiſeau de proïe

Qui rabat, tout-à-coup, ſon caquet & ſa joie
Alors la crainte du péril
Retient ſon nazillard babil ;
Et de peur qu'il n'échape, en ſon bec il enferme
Un petit caillou qu'il tient ferme.
Si ſon fier ennemi vient l'attaquer ſur l'eau,
Il s'en moque ; il ſe plonge à l'abri d'un roſeau,
Et voit avec plaiſir, ſous la ſombre feuillée,
L'Aigle honteux s'enfuir avec l'aîle moüillée.

QUE de Maris vivroient en paix dans leur maiſon,
Si leurs femmes prenoient bien garde,
Au lieu de caqueter, très-ſouvent ſans raiſon,
A réprimer un peu leur langue babillarde,
En y mettant un frein par prudence & par art,
A l'exemple de ce Canard !

LA LINOTE.

VOUS retenez chez vous une jeune Linote
Qui chante & même ſifle au gré de vos deſirs.
Mais par quelle étrange marote,
De ſa captivité faites-vous vos plaiſirs?
Si c'eſt pour exercer ſon adreſſe légére,
Ou bien de ſa Raiſon confirmer vos eſſais
Que vous l'attachez ſur un ais
Qu'à bon titre, à bon droit vous nommez ſa galére;
Vous devez admirer l'art & l'invention
Qu'elle ſçait pratiquer en cette occaſion,
Prévoyant les moyens, leur fin, leur dépendance
Pour poſſeder l'objet qui fait ſa ſubſiſtance.
Conſidérons comment l'imagination

Lui fait exécuter cette opération.

SUR le plus haut d'un ais la Linote eſt perchée,
Ou plutôt, par la chaîne, en eſclave attachée;
C'eſt là qu'à ſes côtés ſont deux ſeaux ſuſpendus
Qui par leur poids égal demeurent deſcendus,
Et ne peuvent rouler que par quelques poulies
Souvent aſſez mal établies.
Dans l'un eſt ſon manger, le grain, le ſéneſſon,
Et l'autre contient ſa boiſſon.

REDUITE à ce triſte eſclavage,
De ſa proviſion elle ſent le beſoin;
Mais comment l'attraper? cet objet eſt trop loin;
Elle s'en fait pourtant une agréable image.
Son appétit s'irrite: Un deſir prévoyant

Lui ſuggére bientôt un juſte expédient ;
Et pour l'exécuter, elle joint la fineſſe
Avec la Raiſon & l'adreſſe.
De ſon bec elle attire, avec légéreté,
Un ſeau que de ſon pied elle tient arrêté,
Tandis que, ſans impatience,
Elle y prend à ſon gré ſa petite pitance :
Enſuite elle l'abaiſſe & léve l'autre ſeau
Qu'elle laiſſe gliſſer quand elle a puiſé l'eau :
Et de peur qu'un des deux ne répande ou chancelle,
Elle arange & conduit leur mobile ficelle.
C'eſt ainſi qu'elle ſçait, pour ſon utilité,
Répéter ſa manœuvre avec ſubtilité.

PAR la machine du guindage,
Lors qu'un Ingénieur veut pomper l'eau d'un puits,
Elever des fardeaux par différens circuits ;

Sur l'art de la Linote a-t-il quelque avantage?

DE cette démonſtration
Je tire ma concluſion,
Qu'elle agit en cette occurrence
Avec tant d'artifice, avec tant de prudence,
Que ſi vous vous trouviez en ſon état fâcheux,
Vous ne raiſonneriez, ni n'agiriez pas mieux.

EN VAIN vous répliquez que cette exactitude
Se forme ſans penſée & ſans intention,
Et qu'elle ne provient que de l'invention;
Ou bien d'une longue habitude.
Ces ſupoſitions répugnent au bon ſens
De la plus légére Calote,
Et vos frivoles incidens
Ne peuvent s'appliquer à la jeune Linote.

Dès ſon premier eſſor elle avoit profité
Des douceurs de la liberté,
Et n'avoit jamais vû ni galéres ni chaînes,
Ni d'autre Oiſeau réduit à de ſemblables peines :
Néanmoins, dès le premier jour
Que vos rigueurs l'ont aſſervie,
Elle a, par ſa raiſon, trouvé plus d'un détour
Qu'elle a ſçû pratiquer pour conſerver ſa vie.

RETRANCHEZ donc ici le prétendu ſecours
Des effets de l'accoûtumance:
Elle n'eut pas le tems d'en eſſayer le cours,
Puiſque le premier jour fit ſon expérience.
Je l'ai prouvé ſi clairement
Par le ſimple détail des moindres circonſtances,
Qu'on ne peut, ſans aveuglement,
Réſiſter au concours de tant de conſéquences

A L'EGARD de l'induction
Que vous voulez tirer de son invention ;
Votre chicane est pitoiable ;
Puisque vous convenez que cette qualité,
Par un principe indubitable,
D'une Ame qui raisonne est une faculté.
C'est ainsi qu'avec évidence
J'ai détruit, vaincu, réfuté
Ce que vous avez inventé
Pour combatre notre défense.
Cette ample dissertation
M'épargne à l'avenir la répétition
Des raisons que je viens de dire,
Et qui seules doivent sufire
Pour vous convaincre absolument
Que l'Animal agit avec raisonnement.

LE CHEVAL.

A Cent pas loin d'un grand foſſé
De trois toiſes de large & de deux exhauſſé,
Lors qu'un Cheval à jeun y ſent un tas d'aveine ;
Remarquez avec quelle ardeur,
Par quelle impreſſion de ſa flateuſe odeur,
Il y court à perte d'haleine.
Il ſent à chaque pas croître ſon appétit ;
Il redreſſe l'oreille & de joie il hennit.
Mais au bord du foſſé tout à coup il s'arrête ;
Des yeux il le méſure ; & puis tourne la tête.
En vain le Cavalier le preſſe d'y paſſer ;
Il ſe cabre & recule au lieu de s'avancer.
Cependant cette aveine, auprès de ſa narine,
Exhale des eſprits qui frapent ſon cerveau ;

Et leur impreſſion bien plus forte & plus fine
Le devroit empreſſer à deſcendre au monceau?
D'où vient donc que cette Machine
Qui, dans ſon premier mouvement,
Vers ce puiſſant objet d'abord ſe détermine,
S'en éloigne à regret avec frémiſſement?
En voici la raiſon: La Machine Animale
Par l'aveine attirée, accourt pour en manger;
Mais l'obſtacle ébranlant ſa GLANDE PINEALE,
Son Ame l'avertit d'éviter le danger.
Tout cela, dites-vous, s'exécute & s'explique
Par les loix de la Méchanique.
Je prouve le contraire. Un galop empreſſé
Ceſſe précisément ſur le bord du foſſé
Où le Cheval s'arrête: Alors, ſur ſa Machine
Il faut abſolument que ſa Raiſon domine;
Puiſque ſans le ſecours de cette faculté,
Son ardent appétit l'auroit précipité.

Mais il penſe, il regarde, & par ſa connoiſ-
ſance,
Il conçoit le péril qui s'offre à ſa préſence:
Alors, ſon jugement calme l'émotion
Qu'excitoit ſur ſes ſens une amorce trop vive
Et pour l'en éloigner, c'eſt ſon ame attentive
Qui forme & qui ſoûtient ſa réſolution.

Après une preuve ſi claire
Qui fait voir que la Bête a du raiſonnement,
Lui refuſerez-vous un fond de jugement,
Ou du moins, un Rayon qui la guide & l'é-
claire?
Quelque nom que vous lui donniez;
Cela ne nous importe guére;
Mais il faut que vous conveniez
Que ce qui nous dirige eſt Raiſon ou Lumiére;
Et qu'enfin ce n'eſt point la diſpoſition
Des reſſorts de notre Machine

Qui méchaniquement ſeule nous détermine,
Sans notre connoiſſance & notre intention.

SI vous avez ſur nous ces dégrés d'excellence
Qui vous font préſumer d'avoir l'intelligence
Des Loix de la Nature & des ſécrets de l'Art;
Faut-il nous envier notre petite part
D'une Raiſon ſubordonnée,
Dont l'heureuſe ſimplicité
Aux ſoins de notre vie eſt ſagement bornée,
Sans étendre plus loin notre capacité ?
Un ſentiment ſecret, puiſſant & ſalutaire
Nous fait toûjours connoître, avec préciſion,
Ce qui nous eſt utile, ou qui paroît contraire
A notre conſervation.
En ſommes-nous moins raiſonnables
Si nous ne formons point d'ambitieux deſſeins?
Ne nous ſuffit-il pas d'arriver à nos fins
Pour fuir ou poſſeder des objets convenables?

Ainſi, notre Machine, en tous ſes mouvemens,
Ne peut que ſe prêter aux appétits des Sens;
Mais l'exécution vient d'un principe interne
Qui penſe, qui raiſonne, & qui ſeul nous gouverne.

LES SERINS.

POUR exercer votre critique,
Je vais vous proposer, sans crainte de réplique,
Quelques traits singuliers qui ne sont pas nouveaux;
Mais qui marquent l'esprit de nos petits Oiseaux.

DES Serins que l'on tient enfermés dans leur cage,
Vous enchantent par leur ramage;
Mais outre leur chant gracieux,
Ne possedent-ils pas encore
Le don, le talent merveilleux
D'exprimer les douceurs du flageolet sonore?
Ne les bornons pas là. Passons à d'autres traits

Que leurs raiſonnemens rendent bien plus
parfaits ;
Et pour mon garant j'apoſtrophe
Un Cartéſien Philoſophe.

IL avoit avec ſoin élevé deux Serins ;
L'un étoit mâle & l'autre étoit femelle ;
Leur union tendre & fidelle
De leur captivité calmoit tous les chagrins.
Le Printems qui de chaque eſpece
Réveille, anime la tendreſſe,
Avoit ſçû dans leurs jeunes cœurs
Exciter de l'amour les premieres ardeurs.
La Serine féconde, auſſi-tôt fait ſa ponte ;
Et ſon petit mari joyeux,
Par cent jolis frédons, s'aplaudit & raconte
Les heureux ſuccès de ſes feux.
De ſes plaiſirs divers il fait un doux mêlange ;
Il ſautille, il éclate, il chante, boit & mange ;
Mais

Mais tandis que tout rit au gré de ſes deſirs,
Il oublie en ingrat ſa Compagne qu'il aime,
Et qui, ſeule en ſon nid, dans un beſoin extrême,
Pouſſoit de douloureux ſoupirs.
Active à fomenter les fruits de leur tendreſſe,
Elle couvoit ſes œufs; mais quand la faim la preſſe,
Elle ſort de ſon nid, & court en voltigeant,
Punir, à coups de bec, ſon Mari négligent;
Et ſur le champ revient, après cette querelle,
Conſerver à ſes œufs leur chaleur naturelle
Qui, rallentie, auroit perdu
Sa vive & féconde vertu.
Le Serin fut ſurpris; & connoiſſant ſa faute,
De ſa perche d'abord il ſaute,
Et prompt à réparer ſon criminel oubli,
Il flate ſa femelle, & pour ſa ſubſiſtance
Il lui dégorge la pitance

Dont ſon gozier étoit rempli.
Par le trémouſſement de ſes aîles tremblantes ;
D'un air tendre il lui fait des excuſes galantes ;
Il y joint cent baiſers qui ſe ſuivent de près,
D'un racommodement invincibles attraits.
Un délicat & doux murmure
Lui dit, lui proteſte & l'aſſure,
Que ſes ſoins & ſes feux ne ceſſeront jamais.
De leurs nouveaux plaiſirs ces gracieux préludes,
En calmant leurs inquiétudes,
Achévent de ſcéler leur amoureuſe paix.

POUR vous déveloper tous ces petits myſtéres,
Eſt-il beſoin de Commentaires ?
Ne réſulte-t-il pas de tout ce mouvement,
Que nos petits Oiſeaux ont du raiſonnement ?
Par quels reſſorts notre Serine
S'eſt-elle réſoluë, en ſon humeur chagrine,

D'aler châtier ſon mari?
Comment ſes coups de bec, ſi ſubits & ſans cri,
Ont-ils pû lui faire comprendre
Qu'il avoit oublié ſon devoir le plus tendre?
Sans Ame, ſans penſée & ſans nul ſentiment?
La Machine peut-elle agir ſi prudemment?

UNE CHIENNE

Qui joüoit à la Triomphe & au Piquet.

L'HOMME, cette merveille, & le plus
raiſonnable
De tous les Animaux, n'eſt point diſciplinable;
S'il ne joint la Mémoire avec le Jugement:
Sans l'un il ne ſauroit comprendre,
Et ſans l'autre il ne peut apprendre:
Toutes ces facultés doivent abſolument
Concourir pour former l'Ame à la diſcipline.
Or, puiſque l'on convient que la Bête-machine
Eſt capable d'inſtruction;
On ne ſauroit, ſans imprudence,
Lui refuſer la connoiſſance,
Et tout ce qui dépend de la perception.
Vous en ſerez d'accord par l'hiſtoire ſuivante

Dont à la Foire Saint Germain
La Scene eſt encore récente.
Le récit que j'en fais eſt public & certain.

UNE Chienne aſſez ſurprenante,
Et que ſes beaux talens ont fait nommer CHARMANTE,
Au Jeu de la Triomphe, à celui du Piquet,
Exerçoit, tour à tour, ſa merveilleuſe adreſſe.
Le fin Joüeur de Gobelet
Ne faiſoit pas ſes tours avec plus de ſoupleſſe.
Notre Chienne, au ſurplus, joüoit de bonne foi:
Elle entendoit auſſi très-bien à ſe défendre;
Car de chercher à la ſurprendre,
C'étoit un inutile emploi.
Quand ſon Jeu prévaloit elle étendoit ſur l'heure
Ou ſa Tierce, ou ſa Quarte, ou ſa Quinte-majeure.

Par chaque coup de pate elle indiquoit son
Point ;
Et pour le marquer tout-à-point ;
Elle portoit les yeux au fond d'une cassette ;
Y choisissoit sans qui-pro-quo
Le jeton, ou bien l'étiquette
Qui quadroit à son Numero.
Ensuite, en arrageant ces jetons sur la table ;
Dans leur produit total elle les calculoit
'A chaque coup du jeu plus ou moins favorable
Ainsi que le sort le vouloit ;
Mais sans jamais japer la moindre repartie ;
On la voyoit, tranquile, achever la Partie,
Et conserver toûjours l'égalité d'humeur
Dans la prospérité comme dans le malheur.

COMBIEN d'Hommes au Jeu cherchent la
broüillerie,
Pour couvrir leur filouterie ?

Combien d'autres encor ont d'étranges humeurs,
Que le moindre hazard, la plus légére perte
Trouble, transſporte & déconcerte
Par les plus brutales fureurs?
Notre Chienne, au contraire, en ſon jeu plus tranquile,
Reprochoit aux Humains leur Raiſon inutile
Dont le moindre interêt, quelque coup du hazard
Leur fait faire un honteux écart. *

* Voi. page 9. l'Innocence des mœurs & des paſſions des Bêtes.

UN CHIEN

Qui connoiſſoit les Caractéres d'Imprimerie.

NOtre CHARMANTE avoit pour frére,
Ou, ſi vous voulez, pour Mari ;
Diſons mieux, pour ſon Favori,
Un Chien dont la ſcience étoit plus ſinguliére.
Quand je dis la ſcience, on conçoit aiſément
Que j'entens, par ce terme, un fin diſcernement.
Or, cet habile Chien étoit trop eſtimable,
Pour n'avoir pas un nom qui lui fût convenable :
Ce fut donc par rapport à ſon rare talent,
Que d'une voix publique on l'a nommé BRILLANT.
Il ſçavoit de l'Imprimerie,
Soit par inſtruction, ſoit par raiſonnement ;

Par pratique ou par théorie,
Connoître & distinguer, d'un coup d'œil seulement,
Tous les différens caractéres.
Les preuves de ce fait ne sont point des chiméres.
Sur une table on étaloit
Ces Lettres de diverse forme;
Et pour les mieux placer dans un ordre conforme,
Par leur nom on les appeloit.
On séparoit ensuite en petites colonnes,
Les Voyelles & les Consonnes.
Après ce long travail, son Maître, d'un haut ton,
Lui répétoit: BRILLANT, prens garde à ton ouvrage;
Il faut, par un juste assemblage,
De tous ceux qui viendront, ranger, former le nom.

LE lieu de ce ſpectacle étoit auprès du Louvre. *

Qu'arrive-t-il? La Scene s'ouvre:
On annonce à l'inſtant le Prince de TALMONT.
L'Echo de ce Théatre à ce grand nom répond.
Le Maître de Brillant par trois fois lui répéte;
Le nom de ce Seigneur eſt TALMONT: Tu ſcais bien.....
Cette Leçon ſuffit. On voit courir le Chien
Qui parmi les Lettres furette
Les ſept qui convenoient, & dont correctement
Il compoſe ce nom qu'on lit diſtinctement.

CETTE ſcene admirable ainſi renouvellée;
Pour cent noms au hazard s'ouvroit deux fois le jour;

* En la ruë Froidmanteau, 1731.

Elle a charmé, ſurpris la plus docte Aſſemblée,
Et de Paris & de la Cour ;
Une combinaiſon ſi juſte & reguliére
Exerce les Phyſiciens
Oculaires témoins de ce petit myſtére
Qui paſſe pour Reſſort chez les Cartéſiens.

CE Chien à l'Angleterre a donné ce ſpectacle;
Et là, tout comme ici, quelques capricieux
Ont ſuivi, ſur ſon Ame, un ſyſtême orgueilleux :
Tandis que la Nature, expliquant ſon oracle,
Leur apprend que la Bête a certain jugement
Qui de l'Homme, à peu près, vaut le raiſon-
nement.

LES OISEAUX DE PROIE SUR LES COQUILLAGES.

LE Reflux de la Mer laiſſe ſur ſes rivages
Mille genres divers d'excellens Coquillages
Qui ſur le ſable ſont épars.
Alors on voit de toutes parts
Les voraces Oiſeaux y voler avec joie.
Dans leur ſerre crochue ils emportent leur proie,
Et d'un rapide eſſor ils s'élévent en l'air.
Mais leur bec ne ſauroit arracher des rocailles
Les Poiſſons enfermés comme entre deux murailles.
Quels moyens pratiquer pour en manger la chair ?

Que faire? Vous sçavez qu'ils n'ont en leur
partage,
Pour armes & pour instrument;
Que les ongles, le bec; & que du fer tranchant
Ils ne connoissent point l'usage.
Mais pour y suppléer avec facilité,
Voici leur artifice & son utilité.

LEUR théâtre est placé sur la cime pointuë
D'un grand roc tout blanchi par les flots écu-
meux,
Et que l'Aigle connu par ses exploits fameux;
A fait rougir du sang de plus d'une Tortuë.
C'est de là que l'Oiseau, d'un vol audacieux;
Fendant, perçant les airs, lance du haut des
cieux
Ses Coquillages dont la chûte
Fait écraser l'Ecaille en moins d'une minute,
Il en retire alors les chairs de ces Poissons

Qui ſont ſes mets frians en toutes les ſaiſons. *

NE reconnoît-on pas qu'une Ame eſt l'origine
De cet expédient que la Bête imagine ?
Nous direz-vous encor que cette invention
Eſt l'effet de l'impulſion
Des Eſprits émanés d'un rocher inſenſible,
Et que l'air a portés juſques à cet Oiſeau
Dont ils ont ébranlé les fibres du cerveau
Par un Méchaniſme infaillible ?
Chimére ! Illuſion ! Mais admirez plûtôt,
Comment il peut ſavoir, que ſelon la Statique,
Et dans l'ordre de la Phyſique,
Un corps péſant, plus il tombe de haut,
Acquiert par ſa grande diſtance,
Plus de force & de violence ;
Et que chaque dégré de ſa célérité,
Précipitant ſon poids, fait ſa fragilité.

* Voi. le Voiage autour du Monde par Gemelli.

Toutefois, c'eſt ainſi qu'il faut que l'Oiſeau
penſe,
Son opération en eſt la conſéquence :
Car il eſt bien certain que méchaniquement
Il ne pourroit agir ſi méthodiquement.

LA Bête n'eſt donc point une pure Machine,
Dont l'aveugle reſſort fait l'aveugle action.
Au contraire, elle agit ſous la direction
D'un Principe qui penſe & qui la détermine.

LES CRABES.

PARMI nos Animaux aquatiques-rampans
Chez qui l'Ame produit des effets ſurprenans,
Vous ſçavez que le Crabe, Ecreviſſe amphibie,
A, pour ſe conſerver, une adreſſe infinie.
Pour ſe rendre à la Mer on les voit tous les ans,
Si-tôt que le Soleil réchauffe le Printems,
Sortir, par millions, des bois en diligence,
Et garder dans leur marche une belle ordonnance:
Et cet ordre eſt ſi merveilleux,
Qu'il charme l'eſprit & les yeux.

EN trois bandes, d'abord, la Troupe ſe diviſe.
Aux mâles courageux l'avant-garde eſt commiſe.

LES

Les Femelles au centre, avec arrangement,
Composent le Gros de l'armée ;
Et par le reste, enfin, mêlé diversement,
Leur Arriére-garde est fermée.
Chaque bande se forme en plusieurs bataillons
Qui marchent file à file en traçant des sillons.
Si vous les attaquez ; cette armée en allarmes
Combat à reculons ; mais d'un air menaçant
Fiérement présente ses armes
Qu'elle tient toûjours en avant.
Et leurs armes sont deux tenailles
Qu'on nomme Pinces ou Mordans,
Dont le choc mutuël, en heurtant leurs écailles,
Fait des cliquetis effrayans.
Dans cet ordre guerrier ils font de longs voiages.
Arrivés à la Mer, on les voit sur le champ,
Contre leurs ennemis se retrancher un camp ;
Et pour se rafraîchir, se baigner aux rivages.

Après avoir goûté quelque tems le repos,
Ils s'occupent de ſoins nouveaux.
De ſe multiplier l'envie inſatiable
Leur fait pondre leurs œufs qu'ils cachent ſous le ſable.
Par l'ardeur du Soleil ſi-tôt qu'ils ſont éclos,
Et que tous leurs Petits ſont forts & bien diſpos,
Leur nouvelle famille avec eux ils emmenent,
Et tous de compagnie en leurs Bois ils reviennent. *

UNE conduite où regne un ordre ſi charmant,
Ne prouve-t-elle pas quelque raiſonnement?

* Voi. l'Hiſtoire des Antilles par le Pere du Tertre Jacobin, ſur la Guadeloupe.

LES RATS
DES ALPES.

LES Alpes ces Monts orgueilleux
Qui portent leur front jusqu'aux
Cieux,
Nourrissent sur leur pente aux environs de
Coire,
La Capitale des Grisons,
Des Rats dont à peine on peut croire
L'ingénieux manége au tems des fénaisons.

CES Rats d'une espece assez fine,
Sont presque aussi gros qu'une Fouine.
Ils sçavent, dans l'Eté, faire pour leur Hyver,
Ample provision de foin tout le moins verd;
Et voici comment ils s'y prennent,

Chacun d'eux, tour à tour, fait ſa tâche à propos ;
L'un ſe tient couché ſur le dos ;
D'autres, en cet état, tout doucement le traînent
Chargé de ſa botte de foin
Que ſes pates qu'il dreſſe, embraſſent avec ſoin ;
Et par ſa queuë ainſi traîné dans leur logette ;
Il leur ſert de Cheval, & même de charette.
C'eſt par ce travail redoublé,
Que ces Rats montagnards ont le dos tout pelé. *

CE manége ſubtil n'eſt point un badinage.
Si l'on y réfléchit, on conçoit aiſément
Que ce n'eſt point l'inſtinct, mais un raiſonnement

* Voi. le Voiage d'Italie de Spou.

Qui joint l'aſſortiment de tout cet équipage.
L'inſtinct ou le beſoin peut bien groſſiérement
Inſpirer à ces Rats ſauvages,
Qu'ils doivent néceſſairement
Vivre ſur la montagne, en Hyver, de fourages:
Mais de les voiturer l'adroite invention
Eſt de l'Ame qui penſe, une opération.

L'ELEPHANT DE PORUS.

SI tous ces Animaux vous semblent méprisables,
Paroissez, Eléphans, colosses formidables.
Pour vos Maîtres chéris dites-nous quelle ardeur
Vous a fait tant de fois leur servir de murailles,
Et signaler votre valeur,
En combatant pour eux dans le feu des batailles?
Interrogez Porus. Son Rival triomphant
Alexandre vainqueur & boüillant de colére,
Lui faisoit mordre la poussiere.
Porus est secouru par son brave Eléphant.
Pour son Maître blessé cet Animal sensible
Soûtient de mille traits une grêle terrible,

Le défend de sa trompe; il le place à l'écart,
Et de son vaste corps il lui fait un rampart.
Il attaque, il combat, en prodiguant sa vie,
Et ranime son cœur avec son industrie.
A Porus expirant il conserve le jour,
Le reléve; & vingt fois le remet sur sa tour.*

D'UN Eléphant Machine & Machine-Automate

Sont-ce là les ressorts & l'opération?
Non, non: c'est d'un grand cœur l'heroïque action:
C'est un beau naturel où la valeur éclate.

* Voi. l'Histoire d'Alexandre.

LE CHIEN, LE MOINEAU, LE CHAT ET LA SOURIS.

UNE Dame de nom & connuë à Paris
Avoit sçû, par son industrie,
Aprendre à vivre ensemble en sa Ménagerie
Le Chien & le Moineau, le Chat & la Souris.
Tous ces quatre Animaux, malgré leur différence,
Et d'espece & d'humeur, vivoient d'intelligence;
Couchoient dans le même grabat,
Et mangeoient tous à même plat.
Il est vrai que le Chien, par droit de préséance,
Se partageoit d'abord la meilleure pitance;
Ensuite, il régaloit le Chat
D'un morceau fin & délicat.

Le Chat, de ſon côté, doux, bien appris, honnête,
Au goût de la Souris poliment faiſoit fête
De bon fromage gras, & de tranches de lard.
Le Moineau moins friand ſe contentoit des mietes
De biſcuit ou de pain dont ils lui faiſoient part,
Et qu'il alloit piquer au bord de leurs aſſietes.
Ainſi, chacun avoit ſon lot;
Et tous bûvoient à même pot.
Mais comme on dit qu'après la panſe
Vient le jeu, la joie & la danſe;
Le Chien léchoit le chat; le Chat peignoit le Chien:
La gaillarde Souris qui ne riſquoit plus rien,
Etoit auſſi de la Partie;
Et ſans craindre l'antipatie,
Joüoit avec le Chat qui, par cent jolis tours,
Lui faiſoit doucement la pate de velours.

Du pétillant Moineau le gentil badinage
Entroit aussi dans tous leurs jeux;
Il aloit, flateur & volage,
Béqueter l'un & l'autre en voltigeant sur eux.
Leur jeu de l'innocence étoit la douce image:
Ils n'y perdoient jamais aucun poil ni plumage. *

CETTE rare Communauté
Plus sage qu'une Confrairie,
Vivoit dans une privauté
Exemte de supercherie.
Enfin cette union qui parmi les Humains,
Entre freres & sœurs, entre cousins germains;
Est si souvent incompatible,
Avoit pour fondement chez nos quatre Animaux,
Qu'une Societé ne peut être paisible,

* Voi. les Mélanges, &c. par Vigneul-Marville, tom. 3. p. 9.

Qu'autant que de l'humeur on bannit les défauts :
Qu'on ſçait avec douceur ſe ſuporter l'un l'autre,
Plaindre d'autrui le foible, & corriger le nôtre.

Un ſpectacle ſi curieux
Charmoit les Eſprits ſérieux.
Ils publioient partout, qu'aux Cloîtres des
Chanoines,
Ni dans les Cellules des Moines;
On ne voit point regner l'harmonique uniſſon
D'un ſi charmant concert de paix & de Raiſon:

OR, d'un ſi bon ménage, & pourtant ſi contraire
En nature, en eſpece, en inclinations,
Il réſulte une preuve auſſi forte que claire,
Que la Bête-Machine a dans ſes actions
Certain principe de lumiére

Que vous qualifierez de plus ou moins grossiére ;
Mais qui seule suffit pour bien concilier
Quatre Bêtes si discordantes.
Cette foible Raison les rend assez prudentes
Pour vous faire sentir qu'il faut sacrifier
Sa naturelle antipatie
A la nécessité du repos de la vie.

L'ELEPHANT ET LE MARCHAND.

LA Bête, ainsi que l'Homme, a naturellement,
Et même assez bizarrement,
Quelques défauts presque invincibles:
En voici des preuves sensibles.

AU Roiaume de Siam un fameux Eléphant
Faisoit le métier de Brigand,
Par inclination, ou par un pur caprice;
Mais nullement par avarice.
Toutefois, jour & nuit rodant le grand chemin,
Il sçavoit avec violence
Détrousser les passans; & de leur opulence

Il rempliſſoit ſon Magaſin.
Il ne ſe trompoit point au choix des marchandiſes
Les plus rares, les plus exquiſes;
Qui par leur prix & leur beauté
Charmoient ſa curioſité.
Il voloit par plaiſir & par libertinage.
Parmi vous plus d'un Grand* a fait ce badinage;
Mais comme le penchant au mal
Eſt toûjours compenſé par quelque heureux mélange
De vertus dignes de loüange;
Quoi-que dans un degré très-ſouvent inégal;
Auſſi, notre Eléphant, bien qu'Animal ſauvage,
Sçut apliquer à bien ſon riche brigandage:
A l'Homme il l'avoit fait, à l'Homme il le rendit
Par un motif de bienveillance

* Neron.

Qui pour ſon bienfaicteur ſervit de récompenſe.
De ce fait curieux voici le vrai récit.

UN jour cet Eléphant, ſouffrant d'une bleſſure,
Se traînoit avec peine à la fraîcheur d'un bois.
Il vit paſſer, par avanture,
Un gros Marchand Cochinchinois;
Il le ſurprend dans la traverſe;
Et ſans lui faire mal, par terre il le renverſe;
Lui préſente ſon pié malade & douloureux,
Pouſſe, jette des cris plaintifs & langoureux.
Le Marchand s'enhardit, prend le pié, l'examine,
Voit la plaie, en arrache une profonde épine.
L'Eléphant qui ſe ſent guéri,
Le regarde d'un œil doux, flateur, attendri;
Le prend avec ſa trompe, & doucement l'engage

A monter sûr son dos avec tout son bagage :
Au fond de sa caverne il le porte ; & d'abord
Il étale à ses yeux tout son riche trésor :
Chaque chose, avec ordre, étoit mise à sa place ;
Les étoffes à part, l'or & l'argent en masse.
Il les lui montre en le flatant,
Et puis se retire à l'instant,
En lui faisant assez connoître,
Que de tous ses trésors il le laisse le Maître.

AUX Magistrats voisins le Marchand tout joyeux,
Déclare du butin l'exacte circonstance,
Et de l'Eléphant généreux
L'admirable reconnoissance *

* Voi. le Voiage de Siam par feu M. l'Abbé de Choisi.

L'AIGLE

L'AIGLE ET SA MAITRESSE.

Un jeune Aiglon fut élevé
Par une jeune Fille avec des soins extrêmes.
Ce fier Roi des Oiseaux fut si doux, si privé,
Que leur table & leur lit étoient presque les mêmes.
Elle avoit adouci, par mille petits jeux,
Son naturel impérieux.
Cet Aiglon devint Aigle; & sentant son courage
Et sa force croître avec l'âge,
Il prenoit le vol chaque jour.
Il essayoit son bec, il éprouvoit sa serre,

En faiſant la petite guerre
A tout le Gibier d'alentour.
Bien-tôt d'un noble eſſor animant ſon audace,
Il enlevoit l'Agneau qu'il trouvoit à l'écart.
Sur la montagne enſuite il étendit ſa chaſſe
Dont à ſa Bienfaictrice il faiſoit toûjours part.
Mais il ne borna pas ſon amitié fidelle
A cette ſimple bagatelle :
Son cœur reconnoiſſant a voulu que la mort
Immortalisât ſa tendreſſe,
En partageant le dernier ſort
De ſa bienfaiſante Maîtreſſe.
Elle tomba malade. Il en fut ſi touché,
Qu'à ſes piés, ſur ſon lit, il fut toûjours couché.
Elle meurt. On la porte à ſon bucher funébre ;
Mais pour le rendre plus célébre,
Il s'y jette au milieu des flammes & des feux
Qui les conſumérent tous deux.

C'EST un Auteur Romain* qui cite cette hiſtoire :
Il aſſure que de ſon tems,
On en célébroit la mémoire
Par des ſpectacles éclatans.

C'ETOIT dans la Ville de Seſte
Qu'un bras de l'Helleſpont ſépare d'Abydos,
Fameuſe par le ſort funeſte
Du tendre Amant d'Hero** qui périt dans les flots.

* Pline Hiſtoir. nat. Liv. X. ch. 5.
** Leandre.

LE LION ET L'ESCLAVE.

JUSQU'ICI j'ai prouvé par démonſtratior
Que la Bête, en naiſſant, reçoit de la Nature
D'une Raiſon infuſe une juſte méſure
Dont elle ſuit toûjours l'heureuſe impreſſion.
Mais ce n'eſt pas aſſez : Je pouſſe ma carriére
Et je veux vous montrer par des traits de lu
miére ,
Que tous vos Anciens ont même reſpectés ;
Juſqu'où notre Ame étend ſes nobles facultés
La Penſée & la connoiſſance
Sont nos intimes mouvemens ;
Mais pour nos Bienfaicteurs nos tendres ſen
timens
Vont au plus haut degré de la reconnoiſſance.
N'en admirez-vous pas mille traits généreux

Dont vos Historiens font l'éloge pompeux ?
Cette noble vertu qui dans l'Homme est très-rare,
Est si commune parmi nous,
Qu'il n'est point d'Animal, ou sauvage ou barbare,
Qui de la signaler ne soit même jaloux.
Je viens d'en raporter des preuves assez amples;
Et sans vous en citer une foule d'exemples,
Je me contenterai d'en choisir encore un
Dont le détail n'est pas commun.

L'ESCLAVE d'un Romain (son nom étoit Androde)
Soûpirant pour sa liberté,
Voulut se procurer un état plus commode,
Et s'affranchir du joug de sa captivité.
Pour rendre sa fuite plus sûre,
Timide, il crut qu'il étoit bon,

Dans sa périlleuse avanture,
De s'assortir un Compagnon.
Ils parcourent tous deux les Forêts, les Montagnes ;
La frayeur & la faim sont leurs tristes compagnes.
Accablé de fatigue & de nécessité,
Androde s'endormit dans un Bois écarté.
Un Lion, près de là, gémissoit dans son antre :
Par hazard il en sort se traînant sur le ventre :
Il entend certain bruit d'un profond ronflement :
Il s'avance tout doucement ;
Il examine, il flaire, & voit que c'est un Homme.
Il le laisse achever tranquilement son somme.
Le Compagnon d'Androde alors épouvanté,
S'éloigne du Lion avec rapidité,
Et ne songeant qu'à se sauver soi-même

Laiſſe ſon Compagnon dans ce péril extrême.
Mais eſt-il un effroi pareil
A celui que ſentit Androde à ſon réveil?
Il voit à ſes côtés un Lion: il ſe trouble:
Plus il eſt près de lui, plus ſa crainte redouble.
Il fuit: Mais le Lion le ſuivoit d'un pas lent;
De loin, baiſſant la tête, il montroit, en tremblant,
Une pate malade, enflée & diſtillante
D'un pus livide & noir la matiére ſanglante.
Ce ſpectacle le touche, il le laiſſe aprocher:
Il le voit à ſes piés triſtement ſe coucher,
Et lui montrer l'endroit où ſa pate eſt bleſſée.
Alors, l'Homme en arrache une épine enfoncée;
Et pour lui procurer ſa promte guériſon,
Il aplique un tampon de mouſſe & de gazon.
Le Lion ſe ſentant guéri de ſa bleſſure,
Ne peut ſe ſéparer de ſon cher Médecin;

De sa queuë il le flate; & par un court chemin,
En droiture il le méne en sa caverne obscure.
Il avoit, depuis peu, fait sa provision
De bons morceaux de venaison :
D'abord il l'en régale ; & court quêter sa proie
Qu'avec lui, chaque jour, il partage avec joie.
Durant plus de six mois cette hospitalité
Subsista doucement avec sécurité.
Mais l'Esclave ennuié de ce genre de vie,
Abandonna son hôte : Et dans sa folle envie,
Errant & vagabond, après plus de quatre ans,
Il fut pris & conduit à Rome, où la Justice
Le condamna, pour son supplice,
'A combatre tout nud des Lions dévorans
Dont la soif & la faim avoient aigri la rage
Pour les animer au carnage.
Contre ce malheureux on détache à l'instant
Un Lion furieux, affamé, rugissant.
Androde, à demi mort, pâlit, tremble, frissonne ;

La fatale trompette ſonne :
Le Lion part avec fureur ;
Sa flotante criniére avec horreur ſe dreſſe :
Il regarde l'Eſclave ; il s'arrête, il s'abaiſſe,
Et reconnoît ſon Bienfaiẽteur.
Pour s'en faire connoître il lui montre ſa pate ;
Et rampant à ſes piés, il les léche & les flate.
On détache un ſecond Lion
Qui court pour dévorer le malheureux Eſclave:
Le premier le défend avec l'affeẽtion
D'un cœur reconnoiſſant & brave.
Frapé d'étonnement, tout le Peuple Romain
Demande que ce fait par écrit on rédige.
Il admire, comme un prodige,
Dans un Lion féroce, un aẽte plus qu'humain,
L'exécution ſe proroge,
Et l'Eſclave l'on interroge.
L'Empereur veut ſçavoir ſi cet évenement
N'eſt point l'effet ſecret de quelque enchante-
ment.

Le Sénat aplaudit : l'Esclave, sans mystére,
Publie à haute voix le détail de l'affaire.
Dans l'instant l'Empereur, de son autorité,
Lui conserve la vie avec la liberté.
Par ses bienfaits encor, consacrant la mémoire
De cette surprenante histoire,
A l'Esclave il laissa son généreux Lion,
Et les fit honorer de cette Inscription.

Cet Esclave, par sa prudence,
A ce Lion malade a prêté son secours.
Ce Lion, par reconnoissance,
A l'Esclave mourant a conservé les jours. *

UN Animal pure Machine,
Ajusté des plus fins ressorts,
Peut-il avoir quelques rapports
Avec cette action où le Cœur seul domine ?

* Auli-Gellii Noctes Atticæ, lib. 5. cap. 14.

L'ABEILLE.

LES Philosophes anciens,
Plus sages, plus profonds que
vos Cartésiens,
Ont toûjours, dans la Bête, admiré la Nature:
Les uns ont reconnu que le Raisonnement
Est dans elle un Principe infus intimément;
Mais restraint & borné dans sa juste mésure.
D'autres ont soûtenu que nos conceptions
Qui dirigent nos actions,
Où l'on voit éclater tant d'ordre & de justesse,
Tant d'industrie & de finesse,
A quelques dégrés près, nous égalent à vous;
Que le Plus & le Moins vous distinguent de
nous.
Si les preuves incontestables
Que j'en viens d'établir par démonstrations;

N'étoient pas encore capables
De dissiper l'erreur de vos opinions
Qui choquent la Nature & l'honneur de notre
Etre,
Il faut, pour dernier trait, vous faire enfin
connoître
Jusqu'à quel point prodigieux
D'intelligence & de merveille,
L'Insecte peut porter son Art ingénieux.
Ecoutez. Admirez. Je parle de l'ABEILLE.

LA Nature féconde en Animaux divers,
D'espece différente a peuplé l'Univers.
L'Eléphant, ce Colosse énorme, épouvantable,
Et l'imperceptible Ciron,
Sont tous également, dans leur proportion,
Des jeux de son Pouvoir immense & respecta-
ble.
Mais se déterminant par un choix favorable

Pour un petit Insecte aîlé,
Dans l'Abeille elle a rassemblé
Tout ce que chaque Bête a de plus admirable.
Je vais en éfleurer quelques traits merveilleux,
De tous tems admirés des Sçavans curieux;
Et pour leur conserver leur beauté naturelle,
Je suprime la Fable ancienne & nouvelle.
La Nature & la Vérité
Triompheront assez par leur simplicité.

DEUX Classes ont toûjours partagé les Abeilles;
Celles du premier rang sont blondes & vermeilles.
C'est par leur peau luisante & leurs vives couleurs,
Qu'elles font distinguer leur prix & leurs valeurs.
Du plus brillant émail leurs aîles sont parées,

Et leurs écailles ſont dorées.
Leur petit corps eſt leſte ; & leur front eſt orné
D'un cercle rayonnant dont il eſt couronné.
C'eſt-là la généreuſe & la plus noble race.
Mais l'autre dont le corps eſt brun, ſale & poudreux,
Pareſſeuſe, & qui traîne un gros ventre terreux,
Demeure reléguée à la derniére Claſſe :
Et comme on en fait peu de cas ;
Je ne daigne en parler, & reviens ſur mes pas
A celles de la bonne eſpéce ;
Dont je dois célébrer le mérite & l'adreſſe.

TOUT ce Peuple eſt fidéle & ſoûmis à la loi
D'une Abeille qu'on nomme ou Mére, ou Reine, ou Roi.
Des autres elle eſt différente ;
En ce qu'elle eſt plus longue & beaucoup plus brillante.

Le privilége heureux de la fécondité
Ne réside chez eux que dans la Roiauté.
Tout le reste est stérile ; & tel est leur partage,
Que des plaisirs d'Amour ils ignorent l'usage.
Quand le Roi fait sa ponte & dépose ses œufs,
Ses Courtisans adroits, & qui ne sont pas neufs
Au manége de Cour, le flatent, l'aplaudissent,
L'encouragent, le réjoüissent ;
Et tous leurs mouvemens, doux, soûmis & pressans,
Marquent qu'ils sont charmés de ses riches présens.
Lors que ses œufs viennent d'éclore,
On voit son peuple qui l'honore,
Accueillir, caresser tous ses nouveaux Petits,
Et les réchauffer dans leurs nids.
Mais dès qu'ils ont atteint leur degré de croissance,
Il faut que de concert, quoi-que séparément,

Ils travaillent en diligence
A conſtruire chacun ſon petit logement.
L'Hiſtoire en eſt ſécrete. Elle eſt ſi ſurprenante,
Que de faſtueux Ignorans
La traiteroient de conte, ou de fable amuſante,
Si je n'avois du fait, mille Auteurs pour garans.
Son adreſſe, il eſt vrai, paroît preſque incroiable :
Car enfin eſt-il concevable
Qu'un Inſecte qui n'a que ſa trompe & ſes piés,
Membres ſi délicats, ſi fins, ſi déliés,
Puiſſe, ſans inſtrument, par une regle sûre,
Dans un ordre parfait jetter le fondement,
Et conduire, élever, finir ſon bâtiment.
Qui paſſe les beautés de votre Architecture ?
Il y regne partout tant de préciſion,
Quoi-que ſur un plan difficile,
Qu'il n'eſt point d'Architecte habile
Qui n'en admire l'art & l'éxécution.

Mais

Mais pour vous en tracer une fidéle image,
Il faut dans ſon principe expliquer tout l'Ouvrage.

D'ABORD, l'Abeille extrait, exprime artiſtement,
Des larmes du Narciſſe & de diverſes plantes
Graſſes, viſqueuſes & gluantes,
Un ſuc dont elle forme un liquide ciment.
Elle trempe en ce ſuc ſa cire encore molle,
Dont elle enduit ſon Alvéole.
Le ciment endurci rend les fondemens ſûrs
Où ſont conſtruits ſes petits murs,
D'une cire gommeuſe elle élargit la croûte,
Pour former ſon plancher & ſoûtenir la voûte.
Ce peuple qui dévient chaque jour plus nombreux,
En ſe multipliant & pullulant ſans ceſſe;

Et qui craint qu'en la Ruche il ne ſoit trop en
preſſe,
Ménage ſon terrain dont il eſt très-ſoigneux.
C'eſt pour y réüſſir, que par ſon induſtrie,
Il donne à ſa Cellule, en déhors, en dedans;
La figure exagone & tournée à ſix pans,
Dans l'art le plus exact de la Géométrie.
Leurs petits Logemens dans cet ordre ajuſtés
Se touchent de tous les cotés :
Chaque eſpace eſt rempli ſur une ligne égale,
L'Alvéole eſt ſi bien l'un à l'autre colé,
Qu'il n'y reſte jamais de vuide & d'intervale
Qui par le moindre point vous le montre iſolé.
La figure exagone a plus d'un avantage;
Elle renferme encor dans ſon contour certain,
Un eſpace plus grand, que même elle dégage,
En ménageant tout le terrain.
C'eſt par ce motif que l'Abeille,

Par une adreſſe ſans pareille,
De cette figure a fait choix.
Il faut obſerver toutefois,
Que celle qui bâtit ainſi ſon Edifice
Permet qu'une autre le poliſſe ;
Une autre encor, par ſes ſoins ſinguliers,
Rend les angles exacts & bien plus réguliers.
Une troiſiéme enfin, & qu'elle s'aſſocie,
Sçait unir la ſuperficie ;
Et comme cet ajuſtement
Ne ſe peut faire abſolument
Sans qu'on retranche & qu'on retire
Des particules de la cire ;
D'autres Ouvriéres ont ſoin,
Afin qu'au Ménage tout ſerve,
D'emporter ces fragmens en un lieu de réſerve,
Pour les employer au beſoin.

LEURS travaux ne ſont point languiſſans
ni frivoles,
Tout ſe fait ſi diligemment,
Qu'un ſeul jour ordinairement
Leur ſufit pour bâtir quatre cents Alvéoles;
Et pour les ſéparer du corps de leurs rayons,
Elles pratiquent des cloiſons
Dont chacune a ſon ouverture,
Qui par ſon exacte ſtructure
Et par ſa diſpoſition,
Sert de communication.
Cette ingénieuſe méthode,
Si néceſſaire & ſi commode
Epargne les détours, abrége le chemin
Quand elles vont porter leur cire au Magaſin.

DE vos Ingénieurs les plus rares merveilles
Ne peuvent ſurpaſſer l'ouvrage des Abeilles.

LORS qu'elles ont fini tous les compartimens
De leur admirable Dédale,
Selon la ſymmétrie & les alignemens
Que leur preſcrit leur Art que nul autre n'égale;
Elles font au dedans regner la propreté,
De peur qu'un mauvais air n'altére leur ſanté.
Des fentes de leur porte elles bouchent l'entrée
A tout vilain reptile, à tout ſale Animal;
Et maſtiquent la Ruche autour du pié d'eſtal
Avec de la glu préparée.
Je n'ay repréſenté que d'un léger crayon
L'incompréhenſible artifice
De l'Alvéole & du Rayon,
Dont l'Abeille en ſécret conſtruit ſon édifice;
Mais ce n'eſt pas aſſés. Il faut préſentement
De leur Police exacte obſerver les maniéres,

Et vous dévoiler les myſtéres
De leur ſage gouvernement.

IL EST purement deſpotique,
Quoi-que tous les Sujets vivent en République.
Au milieu de la Ruche eſt la premiére place
Dont le Roi, dans ſon Trône, occupe tout l'eſpace :
Jour & nuit de ſa Garde il eſt environné ;
Et par lui tout eſt ordonné.
Quelques uns vous ont dit comme un fait véritable,
Que le Roi ſeul n'eſt point armé d'un Aiguillon ;
Mais c'eſt une erreur, une fable :
Il en eſt pourvû d'un plus piquant & plus long :
S'il s'en ſert quelques fois, ce n'eſt qu'avec prudence,

Et pour punir la négligence
De quelques lâches pareſſeux.
Il diſpenſe ſes Loix avec tant de juſtice,
Qu'il bannit de l'Etat les Sujets vicieux
Dont les mœurs lui pourroient cauſer du préjudice.

QUOI-qu'autour de la Ruche un long bourdonnement
Ne vous ſemble marquer qu'un confus mouvement,
Qu'une agitation bruyante, irréguliére;
Ce bruit ſourd n'eſt, au fonds, qu'un ordre concerté,
Etabli ſur l'Autorité
D'une Police très ſévére.
Leur naturel eſt prompt, mais ſage, obéïſſant,
Adroit, œconome, agiſſant.
Si durant tout l'Hyver elles ſont nonchalantes,

Les trois belles ſaiſons les rendent vigilantes.
Chez elles le dévoir eſt la ſuprême Loi.
Le travail, de concert, ſe regle & ſe partage.
Chacune eſt attentive à remplir ſon emploi.
Les Vieilles ont la charge & les ſoins du ménage,
Et de tenir toûjours le Logis propre & net.
Les Gardes de la porte y ſont en ſentinelle.
Les autres, tour à tour, font la ronde & le guet;
Tandis qu'un Eſcadron courageux & fidelle
Chaſſe, pourſuit au loin les inſolens Bourdons,
Et tout le genre eſcroc des avides Frélons.

CELLES qui par leur âge ont plus d'expérience,
Vont de l'air obſerver l'éternelle inconſtance.
Si le Ciel paroit nébuleux,
Et que les vents ſoient orageux,
Elles font certain ſigne à leurs jeunes Compagnes,

De ne pas s'écarter au loin dans les Campagnes ;
Mais d'aller près leurs murs, dans les prochains Jardins
Sucer le thim, l'œillet, les lis & les jasmins.
Elles craignent que la tempête
Ne vienne fondre sur leur tête ;
Ou qu'un violent tourbillon
Ne les couvre, en volant, de paille & de sablon.
Mais lorsque le Soleil, terminant sa carriére,
Annonce un lendemain tout brillant de lumiére ;
Et que sa blanche Sœur, dans son Char argenté,
Leur promet d'un air pur la douce aménité ;
On les voit le matin, aussi-tôt que l'Aurore
A répandu ses pleurs sur les présens de Flore ;
Voltiger dans les Champs, pomper de fleur en fleur,

Le ſuc qui de leur miel compoſe la douceur.
Après l'avoir extrait de cent plantes feüilluës,
Il faut, pour l'emporter & pouvoir voltiger,
En balancer le poids, & le ſavoir charger
Sur les petits crochets de leurs jambes véluës.
Un nouveau ſoin ſuccéde. Il leur faut chaque jour
Qu'elles vont moiſſonner des eſſences nouvelles,
Eviter d'engluer & de poiſſer leurs aîles,
Dont le moindre embaras nuiroit à leur retour.

SI du fier Aquilon l'impétueuſe haleine
Les ſurprend quelquesfois en traverſant la Plaine,
A ce vent orageux qui les peut emporter,
Et par le moindre choc briſer leur corps fragile,
Elles ont trouvé l'art de pouvoir réſiſter,

En augmentant leur poids par quelque grain d'argile.

C'eſt à cette imitation,

Que pour rendre un Vaiſſeau moins roulant & plus ſtable,

Vous avez la précaution,

En l'expoſant aux flots, de le leſter de ſable.

Souffrez cette réflexion :

Je reprens ma deſcription.

LORS que l'Aſtre du jour, en parcourant le Monde,

Décline à l'Horiſon pour ſe coucher dans l'Onde,

Les Abeilles aux champs ceſſent de travailler.

En foule vers la Ruche on les voit revoler,

La trompe & les cuiſſes chargées

De l'eſſence des fleurs qu'elles ont fouragées.

Leurs ſœurs ſont à la porte ; & pour les ſoulager,

Reçoivent leur moisson & la vont arranger.
Quand chacune, au retour, s'est un peu reposée,
En respirant le frais de l'humide rosée,
On attend encor quelque tems
Celles que le butin retient plus tard aux Champs :
Les unes vont chercher & presser les Traineuses,
Rodent aux environs, bourdonnent à l'entour.
D'autres vont au devant des jeunes Moissonneuses,
Et leur prêtent le dos pour hâter leur retour.

MAIS si-tôt que le jour a fait place aux Etoiles,
Et que la sombre Nuit a déployé ses voiles;
Dans la Ruche on entend le signal du sommeil.
L'heure de la retraite est celle du silence.

Chacune en sa Cellule y dort en assurance
Jusqu'au nouveau signal qui marque le réveil.
L'exercice alors recommence.
Le matin à même heure on sort en diligence.
A la même heure on rentre ; & le travail finit.
Entre le Crépuscule & l'Ombre de la nuit.

TEL est le cours reglé de leur pénible vie
Toûjours au travail asservie.
Leur amour pour les fleurs, & souvent la chaleur
Les fait, sous les fardeaux, expirer de langueur.
Leurs innocentes mœurs ignorent l'avarice,
Et ce que le Bien-propre inspire d'artifice.
Leur trésor est commun, mais il est dispensé
Avec le même soin qu'elles l'ont amassé.
Le Magasin public fournit le nécessaire.
Le superflu de l'ordinaire
Est un bien de réserve, un dépôt précieux;

Un fonds de ſuplément pour l'hyver pluvieux.
Dans une union mutuelle
Elles vivent en paix, ſans trouble, ſans querelle.
Elles ſont cependant ſujettes à des maux
Comme les autres Animaux.
C'eſt pour ſe ſoulager, que cette République,
Contre ces triſtes accidens,
Pratique ſous ſes toits, par des ſoins très-prudens,
Un petit Hôpital en forme de Portique.
Des autres logemens ce Réduit ſéparé
Reçoit d'un ſoûpirail un air plus épuré.
Les malades y ſont traitées,
Et par leurs ſœurs alimentées.
C'eſt avec le ſuc odorant
D'une fleur de couleur de poupre & d'iſabelle,
A qui les Anciens donnent le nom d'Amelle,
Qu'elles leur font un Reſtaurant.

Souvent leur maladie insensiblement céde
A la vertu de ce remède.
Si la mort les enléve, on les porte déhors,
Et de sable on couvre les corps.

AU milieu d l'Eté que la Ruche fourmille
Pleine de rejetons de la même famille,
Tout ce peuple nombreux y vit trop à l'étroit.
C'est par un ordre nécessaire
Que la troupe surnumeraire
Décampe, & cherche un autre Toit.
Le Roi sort le premier. Tout part dès qu'il l'ordonne.
Des plus jeunes, d'abord, le brillant Escadron,
En se serrant de près, le suit & l'environne
En forme d'un gros péloton.
On croiroit qu'elles vont, errantes & bannies,
Planter au loin des Colonies :
Mais dès le premier vol tout ce nombreux Essain

S'accroche d'ordinaire à quelque arbre prochain.
Elles n'entreront point dans la Ruche nouvelle,
Si par avance on ne l'emmielle.
Il la faut embaumer d'agréables odeurs,
Et répandre à l'entour le parfum des liqueurs.

DANS ce nouveau séjour l'Essain n'est point tranquile
Quand il s'y rencontre deux Rois
Qui, voulans regner à la fois,
Allument le flambeau de la Guerre civile.
Tout ce peuple est soldat dans ce trouble intestin.
Avant que les deux Rois se mettent en campagne,
Chacun fait son Parti; sa troupe l'accompagne,
Et veut partager son Destin.

C'est

Ç'eſt alors qu'on les voit, de courage animées,
A l'abri de leurs Murs & ſous leur Pavillon,
De leur trompe aiguiſer leur perçant aiguillon,
Et la pointe des traits dont elles ſont armées.
Tout frémit, tout s'ébranle : On les peut voir alors
Au quartier de leur Chef ſe ranger en deux Corps.
Aux ſons vifs & bruians qu'excite leur colére ;
On croiroit qu'on entend la trompette guerriére.
Enfin, du Combat géneral
On fait rétentir le ſignal.
Les deux Rois ennemis ont quitté leur muraille,
Et déja dans leur camp commençe la bataille.
Les troupes, à l'envi, ſécondant leur ardeur,
Par des coups redoublés ſignalent leur valeur.

Les plus fiers Escadrons, sans que rien les effraye,
S'acharnent sur le sang & meurent sur la playe.
Les deux Rivaux ambitieux,
A l'honneur du combat animent les timides;
Et font, pour s'accrocher, des efforts glorieux.
Plus le péril est grand, plus ils sont intrépides.
Ils portent le courage ou l'effroi dans les rangs.
Tout le champ est couvert de morts & de mourans.

QUOI-DONC! un si grand cœur, un si noble courage
Dans de si petits Animaux?
Oui: Rien ne peut calmer leur terrible carnage,
Que la fuite ou la mort de l'un des deux Rivaux.

LORS qu'après le combat le Vainqueur ſe retire,
Le Peuple réüni reconnoît ſon Empire.
La douceur de la paix jointe à la liberté,
Eſt au Roi le garant de leur fidélité.
Tandis qu'il vit, il regne avec pleine Puiſſance:
Il eſt honoré, reſpecté,
Plus par un zéle ardent que par l'obéïſſance
Qu'exige la contrainte ou la timidité.
S'il s'agit de tirer une illuſtre vengeance
De quelque Ennemi qui l'offenſe;
Tous y volent avec ardeur.
Mourir pour ſa défenſe, eſt le comble d'honneur.
Après ſa mort tout change. Un trouble domeſtique
Met le miel au pillage. Ils briſent leurs cloiſons;

Ils ravagent leur cire & rompent leurs Rayons.
Mais d'un Roi ſucceſſeur la ſage politique
Fair ceſſer le déſordre; & ſous les mêmes Toits
Rétablit la vigueur & le reſpect des Loix.
Il fait tout refleurir ; & le même Génie
Perpétuë à l'Etat ſa prémiére harmonie.

DANS le gouvernement de chaque Nation,
Où l'on fait obſerver la Regle & la Juſtice,
A peine trouvez-vous une imitation
D'un ſi parfait modéle & d'ordre & de police.
C'eſt de là qu'on prétend, & que je le ſoûtiens
Sur l'Oracle des Anciens,
Que l'Abeille, en naiſſant, reçoit une Etincelle
De la Lumiére univerſelle *.
Et qu'elle fait briller, par admiration,
Tant de dextérité preſque ſurnaturelle,

* Eſſe Apibus partem Divinæ Mentis, &c. *Virgi. Georg. l.* 4. *v.* 220,

Qu'il ne manqueroit rien à ſa perfection,
Si ce n'étoit qu'elle eſt mortelle *.

QUE tout l'Eſprit ſubtil des zélés Partiſans
Des belles viſions du Cartéſianiſme,
Vienne ici débiter leurs Contes amuſans;
Qu'ils tâchent de prouver que le ſeul Méchaniſme
Doit néceſſairement, par les rélations
Des reſſorts de l'Abeille avec ſes actions,
La conduire au hazard dans un ordre ſi ſage;
Et lui faire opérer ſi réguliérement
Les prodiges de ſon ouvrage,
Sans Ame, ſans penſée & ſans raiſonnement.
Je me retranche ici; J'attaque & je défie
La nouvelle Philoſophie.
Toutes ſes ſupoſitions
Qui ne ſont que des fictions,

* Quid non Divinum habent, niſi quòd moriuntur? *Quintil.*

A quelque Eſprit bien ſain feront-elles entendre
Que la Bête, ſans rien comprendre,
Agit ſi prudemment; & ſans que ſa Raiſon
Des moyens à leurs fins faſſe combinaiſon.
En vain vous opoſez un inſtinct chimerique,
Et les Loix de la Méchanique;
Ce n'eſt qu'un détour orgueilleux
Pour nous priver de connoiſſance;
Et pour vous réſerver le droit préſomptueux
D'une plus vaſte intelligence.
Mais pour déveloper tous nos ſécrets reſſorts,
Avez-vous pénétré dans le fonds de notre Ame?
Sçavez-vous s'il n'eſt point une ſubtile flâme,
Un principe moteur qui produiſe au déhors,
Ce qu'une Cauſe intelligente,
Une faculté connoiſſante
Regle au dedans de nous; & ſi nos mouvemens
Ne ſont point les effets de ſes commandemens?

Votre Eſprit ſi ſublime & ſi philoſophique
Ne conçoit point comment votre Corps organique
Conſerve avec votre Ame une intime union :
Vous en ignorez l'origine,
La Cauſe, les effets, la diſpoſition;
Et vous oſez ſonder, par votre fiction,
L'Eſprit intérieur qui meut notre Machine ?
Quelle aveugle préſomption !
Puiſque vos mouvemens, ſi ſemblables aux nôtres,
Ont des principes inconnus;
Par quel orgueil, par quel abus
Voulez-vous pénétrer & les uns & les autres ?
Sur nos reſſorts myſtérieux
La Nature a jeté des voiles ténébreux;
Et la ſuprême Intelligence
Vous en a dérobé la ſécrette ordonnance.
Ainſi, vous n'en parlez que par l'opinion

Qu'enfante, avec erreur, l'imagination.
De là, vos plus belles idées,
En ignorant le Vray, se trouvent mal-fondées.
Je ne vous fais donc point un téméraire écart
Dont Vous soyez en droit de nous faire reproche.
La Nature, à plus d'un égard,
Assés près de Vous nous aproche.
Le raport est si grand entre nos actions,
Que, bien-que Vous soyez des Hommes,
Il semble, à n'en juger que par vos passions,
Que vous êtes ce que nous sommes.
Sur ce point je m'arrête ; & par discrétion ;
Je ne veux pas plus loin pousser ce parallèle.
Mais aussi terminez votre injuste querelle,
Et cessez d'avilir notre condition.

SI quelques Animaux dont Vous venez d'entendre

Le merveilleux gouvernement,
Ne pouvoient vous convaincre & vous faire comprendre
Qu'ils ont de la Raiſon certain découlement;
J'emprunterois la voix de tous ceux que la Terre,
Dans ſa vaſte étenduë, & nourrit & reſſerre;
Je m'éléverois dans les Airs,
D'où je ferois parler l'eſpece volatile;
Je deſcendrois au ſein des Fleuves & des Mers;
Et j'interrogerois juſqu'au moindre Reptile.
Alors, de chaque eſpece en n'aſſemblant qu'un Trait
De leur naturelle prudence,
Je formerois un Corps invincible & parfait
De preuves de leur Connoiſſance.

NE ſoûtenez donc plus que tous nos Animaux

Sont privés de Raiſon, de ſens, d'intelligence.
Car pourquoi citez-vous avec tant déloquence,
Nos mœurs, nos actions, pour guérir vos défauts?
Il faut, ſans doute, que les nôtres
Soient bien plus légers que les vôtres.

LORS que Vous vous plaignez à des Amis ingrats
Qui vous laiſſent dans l'embaras;
Vous leur vantez du Chien l'Ame reconnoiſſante,
Et ſa fidélité généreuſe & conſtante.

A CE JEUNE Prodigue, à ce Diſſipateur,
Dont ſi rapidement la Fortune s'épuiſe;
La Fourmi ménagére eſt un bon Précepteur
Qui l'inſtruit & le moraliſe.

Au tems de la moiſſon elle amaſſe avec ſoin
Tout le grain qu'elle économiſe ;
Et de peur qu'en Hyver elle ne ſoit ſurpriſe ;
Elle pourvoit à ſon beſoin ;
Et la proviſion qu'elle met de réſerve
Contre l'Avenir la préſerve.

VOULEZ-vous au travail exciter un Enfant
Vagabond, libertin, un lâche, un Fainéant,
Qui dans les bras de la Pareſſe
S'endort indignement, gâté par la Molleſſe ?
On lui fait admirer l'ordre continuel,
Les ſoins, les mouvemens, la peine induſtrieuſe
De l'Abeille laborieuſe
Qui compoſe, à la fois, ſa Cellule & ſon miel.
Son exemple éloquent eſt une rémontrance
Qui de ce Pareſſeux réveille l'indolence.
De l'emploi de l'Abeille un curieux détail

Eſt un attrait piquant qui l'anime au travail.
L'Inſecte lui fait honte. Il s'arme de courage,
Et rougit de languir dans ſon lâche eſclavage.
L'Homme ainſi qui ſur nous fait ſes réflexions
S'évertuë & ſe porte aux grandes actions ;
Et puiſe ſes Loix politiques
Dans nos prudentes Républiques.
Chaque eſpèce, chez nous, Vous fournit mille traits
Qui, ſimples & ſans artifices,
Du Beau, du Vrai, du Bon, vous peignent les attraits,
En vous faiſant ſentir la laideur de vos Vices.

ARBITRES orgueilleux de ce fier Tribunal
Qui, par ſes viſions extrêmes,
Au vil rang d'Automate abaiſſe l'Animal,
Accordez-vous avec Vous-mêmes.

CAR, si ses bonnes qualités
Vous sont des Leçons assés amples
Que Vous proposez pour exemples
Des plus sages Moralités;

IL FAUT qu'il ne soit pas une pure Machine;
Puisque ses bonnes Mœurs sont des Instructions
Dont Vous vous servez mieux que de votre Doctrine,
Pour corriger vos passions.

OU BIEN, Vous faites tort à l'humaine Nature,
D'aprouver le reproche & la juste Censure
Que vous fait l'Animal privé de sentiment,
S'il est vrai qu'il n'agit que machinalement.

POUR renverser votre systême,
Et trancher tous les nœuds de la difficulté,
Le sens naturel m'a dicté.
Cet indissoluble Dilême.
C'est un invincible Argument
Dont la simplicité, la force & la Justice
Prouvent l'illusion, l'orgueil & le caprice
De votre aveugle entêtement.
Vos hypotheses, vos défaites.
Ne sçauroient vous sauver d'un éternel affront;
Et l'injure que Vous nous faites
Doit réjaillir sur votre front.

UN plus ample détail déviendroit inutile
Pour ma justification.
Ce que j'ai dit sufit à mon Esprit stérile;
Et j'ay droit de conclure avec précision,

QUE la Bête n'eſt point une pure Machine,
Un Automate, un Inſtrument;
Mais qu'elle penſe, agit avec diſcernement,
Par un Principe infus qui ſeul la détermine,
Et lui donne une attention
Qui fait ſa conſervation.
Sur ces faits ſi certains j'établis ſa défenſe,
Et m'en rapporte à la Science
De tout impartial & raiſonnable Eſprit.
J'ay conclu. Je finis. J'ay dit.

RE'PONSE DU PHILOSOPHE IMPARTIAL.

ASSE'S & trop long-tems nous avons entendu
Un discours où le fiel sur l'Homme est répandu.
O toi, qui que tu sois, Animal téméraire,
Qui prétens de ton ETRE éclaircir le mystére :
Oses-tu soûtenir que tous les Animaux,
Par leurs droits naturels, sont presque nos égaux ?
Réprime ton audace : Apprens à te connoître,
Et sache que l'Homme est ton Maître.
Notre éminente qualité

Ne

Ne vient point d'un Empire uſurpé, tyranni-
que :
C'eſt notre privilége & le droit ſpécifique
Que nous donne ſur toi notre Immortalité.

TU te plains, je l'avouë, avec quelque juſti-
ce,
Qu'il ſe rencontre parmi nous,
De bizarres Eſprits, inquiets & jaloux,
Qui, par orgeuil ou par caprice,
Te traitent trop indignement,
En te voulant priver d'Ame & de ſentiment.
Mais les plus éclairés & les plus équitables
Reconnoiſſent dans toi certaines qualités
A ta Nature convenables ;
Et de ſécrettes facultés
Qui dirigent ton Ame en ton Corps organique,
Par un pouvoir qui paſſe un Jeu de Méchani-
que.

LORS que Nous t'accordons cette proprieté ;
Tu ne dois pas en tirer vanité ;
Ni t'attribuer l'avantage
D'avoir, ainsi que Nous, la Raison en partage.
La Nature ne t'a donné
Que la Lumiére nécessaire
Pour conserver tes jours dans leur cercle borné.
Mais notre Esprit s'éléve à la plus haute Sphére.
Et lors que tu prétens faire comparaison
De ta foible luëur avec notre Raison,
On pardonne à ton ignorance.
Sache, entre Nous & Toi, quelle est la différence.

TON Esprit d'industrie est toûjours limité,
Et renfermé toûjours dans l'uniformité.

Jouïr du bien présent, est ton objet suprême.
Tu ne peux, en pensant, réfléchir sur toi-même ;
Et tu n'as, pour agir, ni pleine liberté,
Ni seulement la Volonté.
Quelle que soit ton Ame, elle est matérielle :
Les appétits des sens bornent ses fonctions.
Mais notre Substance immortelle
Porte aux plus haut des Cieux ses contemplations :
Son heureux privilége & son glorieux titre
Est de jouïr du Libre-Arbitre.
C'est cette Liberté qui, dans le Sens Moral,
N'asservit jamais l'homme, & le laisse le maître
D'operer le Bien ou le Mal
Qu'il sçait discerner & connoître :
De son sublime essor les mouvemens divers
N'ont pour bornes que l'Univers.
Notre Esprit émané d'une Lumiére pure

Sonde les profondeurs, perce l'obſcurité
Des myſtéres que la Nature
Ne veut pas profaner à ta brutalité.
Toutes tes actions qui ne ſont qu'animales,
N'ont que les Sens pour leur objet :
Tu ne peux mériter par le moindre ſujet,
Le bonheur ni le prix de nos vertus morales.
Avec toi tout meurt, tout périt.
Mais après notre vie, une autre qui la ſuit,
Eſt la récompenſe éternelle
De l'uſage des Dons de notre Ame immortelle.
La ſuprême Divinité
Ne ſe découvre point à ton indignité.
C'eſt l'Homme, l'Homme ſeul qui, ſage & raiſonnable,
Mérite d'adorer ſa Grandeur ineffable.

FIN.

TABLE DES HISTOIRES

Contenuës en cet Ouvrage.

APPROBATION.

J'Ai lû par ordre de Monseigneur le Garde des Sceaux. *L'Apologie des Bêtes*, &c. avec la Preface, & n'y ai rien trouvé qui en doive empêcher l'Impression. FAIT à Paris ce 5. Octobre 1731. FONTENELLE.

PRIVILEGE DU ROY.

LOUIS, par la Grace de Dieu, Roy de France & de Navarre : A nos Amez & Feaux Conseillers, les Gens tenans nos Cours de Parlemens, Maîtres des Requêtes Ordinaires de notre Hôtel, grand Conseil, Prévôt de Paris; Baillifs, Sénéchaux, leurs Lieutenans Civils & autres nos Justiciers qu'il appartiendra, SALUT. Notre bien amé Me GILLES MORFOUACE DE BEAUMONT, Avocat en notre Cour de Parlement de Paris, & ancien Trésorier de France, Nous ayant fait Remontrer qu'il souhaiteroit faire imprimer & donner au Public un Ouvrage en Vers, de sa Composition, lequel a pour Titre *la Connoissance des Bêtes, contre le Systéme des Philosophes Cartesiens qui prétendent que les Brutes ne sont que des Machines Automates*; s'il Nous plaisoit lui accorder nos Lettres de Privilege sur ce necessaires; offrant pour cet effet de l'imprimer ou faire imprimer ledit Ouvrage en bon papier & beaux caracteres suivant la feuille imprimée & attachée pour modele sous le contrescel des Presentes. A CES CAUSES; Voulant favorablement traiter ledit Exposant; Nous lui avons permis & permettons par ces Presentes, de faire imprimer ledit Ouvrage ci-dessus specifié, en un ou plusieurs volumes, conjointement ou séparément, & autant de fois que bon lui semblera, sur bon papier & en beaux caracteres conformes à ladite feuille imprimée & attachée sous notredit Contrescel & de le faire vendre & débiter par tout notre Royaume pendant le tems de six années consécutives, à compter du jour de la date desdites Presentes: Faisons défenses à toutes sortes de Personnes de quelque qualité & condition qu'elles soient, d'en introduire d'impression étrangere dans aucun lieu de notre obéïssance, comme aussi à tous Imprimeurs-Libraires & autres, d'imprimer faire imprimer, vendre & debiter ny contrefaire ledit Livre ci-dessus exposé, en tout ny en partie en feuille separées ny autrement ny de faire aucuns extraits dud. Ouvrage sous quelque pretexte que ce soit d'augmentation, correction, changement de titre ou autrement; sans la permission expresse & par écrit dudit Sieur Exposant ou de ceux qui auront droit de luy, à peine de confiscation des Exemplaires contrefaits, de trois mille livres d'Amende contre chacun des Contrevenans, dont un tiers à Nous un tiers à l'Hôtel-Dieu de Paris, l'autre tiers audit Sieur Exposant, & de tous dépens, dommages & interests; à la charge que ces Presentes seront enregistrées tout au long sur le Registre de la Communauté des Imprimeurs & Libraires de Paris dans trois mois de la date d'icelles; que l'impression dudit Livre sera faite dans notre Royaume & non ailleurs; & que l'Impetrant se conformera en tout aux Reglemens de la Librairie, & notamment à celui du dix Avril 1725. & qu'avant que de l'exposer en vente, le Manuscrit ou Imprimé qui aura servi de copie à l'impression dud. Livre, sera remis dans le même état où l'Approbatiou y aura été donnée és mains de notre très-cher & feal Chevalier Garde des Sceaux de France le sieur CHAUVELIN; & qu'il en sera ensuite remis deux exemplaires dans notre Bibliotheque publique, un dans celle de notre Château du Louvre, & un dans celle de notre très-cher & feal Chevalier Garde des Sceaux de France le Sieur CHAUVELIN, le tout à peine de nullité des Presentes; du contenu desquelles vous Mandons & enjoignons de faire jouir l'Exposant ou ses ayans cause pleinement & paisiblement sans souffrir qu'il leur soit fait aucun trouble ou empêchemens. Voulons que la copie desdites Presentes qui sera imprimée tout au long au commencement ou à la fin dudit Livre, soit tenuë pour dûement signifiée & qu'aux copies Collationnées par l'un de nos Amez & Feaux Conseillers-Secretaires; foi soit ajoutée comme à l'Original. Commandons au premier notre Huissier ou Sergent de faire pour l'execution d'icelles tous Actes requis & nécessaires, sans demander autre permission, & nonobstant Clameur de Haro Chartre Normande & Lettres à ce contraires; CAR tel est notre plaisir. Donné à Paris le premier jour du mois de Fevrier l'an de grace mil sept cent trente-deux, & de notre Regne le dix-septiéme. Par le Roi en son Conseil. SAINSON.

Registré sur le Registre VII. de la Chambre Royale & Syndicale de la Librairie & Imprimerie de Paris. N°. 322. *Fol.* 309. *conformément au Reglement de* 1723. *qui fait défenses Art. IV. à toutes personnes de quelque qualité qu'elles soient, autre que les Libraires & Imprimeurs, de vendre faire vendre, débiter & faire afficher aucuns Livres, pour les vendre en leurs noms, soit qu'ils s'en disent les Auteurs ou autrement. A la charge d'en fournir les Exemplaires prescrits par l'Article CVIII. du même Reglement. A Paris le* 23. *Fevrier* 1732. P. A. LE MERCIER. *Syndic.*

AVERTISSEMENT.

S'ETANT glissé quelques fautes en cette Edition, où l'Auteur n'a pû être présent ; on prie le Lecteur d'avoir recours à cet *Errata*.

Fautes à corriger.

Page 8. *le premier mot*, Le, *lisez* De.
Page 40. V. 4. Natutel, *lisez* Naturel.
Page 55. V. 4. quarrier, *lisez* quartier.
Page 56. V. penultiéme, promment, *lisez* promtement.
Page 66. V. 8. qni, *lisez* qui.
Page 67. V. premier, baliüres, *lisez* balieures.
Page 79. V. 9. leur, *lisez* leurs.
Page 81. V. dernier, bord, *lisez* bords,
Page 83. V. dernier, Iudépendant, *lisez* Indépendant.
Page 118. V. 7. arrageant, *lisez* arrangeant.
Page 152. V. 17. détache, *lisez* déchaîne.
Page 175. V. 5. *après* milieu, *lisez* de.

www.ingramcontent.com/pod-product-compliance
Ingram Content Group UK Ltd.
Pitfield, Milton Keynes, MK11 3LW, UK
UKHW020548180726
13838UKWH00001B/112

9 782329 489254